Peter Landgraf Mein Traum vom Paradies
duftet nach Plumeria – Hawaii

AF222889

Peter Landgraf

Mein Traum vom Paradies
duftet nach Plumeria

Hawaii

Copyright © 2005 Peter Landgraf

Herstellung und Verlag: Books on Demand GmbH, Norderstedt
Fotos Peter Landgraf
Alle Rechte vorbehalten
Printed in Germany

ISBN   3-8334-3828-2

Die Deutsche Bibliothek verzeichnet diese Publikation in der
Deutschen Nationalbibliografie; detaillierte bibliografische Daten sind im Internet
über http://dnb.ddb.de abrufbar.

Inhalt

Anreise: Optimalni!

Am 4. November 2003 flogen wir um 9 Uhr 10 mit Flug 41 der United Airlines von San Francisco nach Kona auf Big Island. Bruno, ein in Polen 1932 geborener Amerikaner saß neben mir. Er hatte anfangs Schwierigkeiten bei der Suche nach seinem Sitzplatz und verwechselte die linke mit der rechten Seite. Irene saß bereits auf Platz 28 F, als er diesen, „on the aisle", für sich beanspruchen wollte. Ich konnte ihm schnell klarmachen, dass für ihn 28 D, ebenfalls am Gang, jedoch links neben mir reserviert war. Nach einem kurzen aber freundlichen Wortgeplänkel wechselte er zur anderen Seite, setzte sich neben mich, nannte mir seinen Namen und begann, als er hörte, dass ich aus Deutschland sei, seine Lebensgeschichte zu erzählen. Einer seiner ersten Sätze hörte sich an wie eine Sensation. „Stalin war mein Lebensretter." Auf meinen ungläubigen Blick hin ergänzte er: „Das mag komisch klingen, aber es war so."

Ende der Dreißigerjahre meldete sich Brunos Vater freiwillig als Soldat für das russische Militär und zog mit seiner Familie in einen kleinen Ort in der Nähe von Moskau. Während der Vater an verschiedenen Fronten in Karelien und im Baltikum für Russland kämpfte, ging er selbst zur Schule und erlernte in den Jahren des Aufenthalts die russische Sprache. Anfang 1941, also noch vor dem deutschen Angriff am 22. Juni dieses Jahres gegen die UDSSR, öffnete Stalin für sechs Monate die Grenzen. Seine Mutter nutzte diese Chance und verließ mit ihm und seinen beiden Brüdern das Land über das Kaspische Meer nach Persien. Das war nach Brunos Schilderung seine Rettung.

Eine harte und entbehrungsreiche Zeit der Wanderschaft folgte. Zuerst lebten sie in Irak, dann in Libanon, insgesamt vier lange Jahre. Nach dem Ende des 2. Weltkrieges gelang seiner Mutter die Beschaffung der für die Einreise nach England erforderlichen Visa, was für ihn zum ersten Mal in seinem Leben einen positiven Lichtblick bedeutete. Bruno machte seinen Schulabschluss, erlernte die englische Sprache und absolvierte ein Ingenieurstudium. Die sich dann anschließende berufliche Entwicklung wollte ihm auf englischem Boden aber nicht so richtig gelingen. Jetzt war er es, der das Land verlies, ohne seine Mutter, um sich für fast vier Jahre in den großen Städten Kanadas durchzuschlagen. Aber auch hier blieb der erhoffte Erfolg aus.

Das Land seiner Sehnsucht, Amerika, war zum Greifen nahe. Nach langem Bemühen erhielt er endlich die notwendige Einreisegenehmigung und Arbeitserlaubnis. Bruno machte sich erneut auf den Weg, ging in die Vereinigten Staaten und lebte und verwirklichte dort seinen amerikanischen Traum.

Als Gelegenheitsarbeiter fing er an, als selbständiger Unternehmer beendete er sein Berufsleben. Verheiratet, geschieden, fleißig, endlich erfolgreich und sparsam. Das waren die Worte, mit denen er sich selbst beschrieb. Dabei fixierte er mich mit seinen wachen hellblauen Augen und fügte abschließend hinzu: „Alles, was man im Leben braucht, ist eine gute Erziehung und solide Ausbildung, ein guter Job, a lot of money und Erfolg an der Börse. Dann kann man sich rechtzeitig zur Ruhe setzen, sein Leben genießen und feststellen, dass der letzte Part leider sehr kurz ist."

Die schönsten Jahre seines Lebens verbrachte er in Kalifornien, auf der Ostseite der Oakland Bay. Dort wohnt er noch heute in einem nach seinen Wünschen gebauten Haus, auf einer kleinen Anhöhe mit Blick auf San Francisco und die Golden Gate Bridge. Er ist allein, geheiratet hat er nicht mehr.

Sein Vater überlebte den Krieg. Einmal hat er ihn noch getroffen. Sie fanden keine Beziehung zueinander.

„Und wie ist das mit Ihrer Mutter und Ihren Brüdern?", fragte ich ihn.

Ja, seine Mutter sah er öfters, auch seine Brüder. Einmal war er auch in Polen, in seiner Heimat, wie er betonte. Seit Jahren sei er eingebürgerter Amerikaner, aber stolz, in Polen geboren zu sein. Er lebe streng nach einer Diät von Dr. Jan Kwasniewski, einem polnischen Arzt und Ernährungswissenschaftler. Ja, der Arzt trägt den gleichen Familiennamen wie der polnische Staatspräsident. Doch dieser habe diesen Namen aus Kalkül angenommen. Damit er in Polen eine erfolgreiche politische Karriere entfalten könne, konvertierte er zum

8

katholischen Glauben und nannte sich von da an Alexander Kwas-niewski, was kaum jemand weiß. Auf seiner Homepage wird einem mitgeteilt, „Sie sind für diese Seite nicht zugelassen". So konnte ich Brunos Behauptung nicht nachprüfen. Auch die bekannten Nachrich-tenmagazine hatten zu diesem Vorgang keine Informationen.

Auf der Homepage von Dr. Jan Kwasniewski, erklärte Bruno begeis-tert weiter, erhält man Zugang zu dessen Werk, seinen wichtigsten Erkenntnissen und seinen Büchern. „Optimalni" sei das entscheiden-de Stichwort, das alle Türen für ein gesundes Leben öffnen würde.

„Und was führt Sie nach Big Island?", wollte ich weiter wissen. Be-reits vor einigen Jahren hat er sich ein Condominium in Kona ge-kauft. Hierhin zieht er sich zweimal im Jahr für sechs bis acht Wo-chen zurück. Er kam ins Schwärmen bei dieser Schilderung. Das Condo liegt sehr schön, direkt am Magic Sands Beach, umgeben von wiegenden Palmen.

Und gibt es jemanden, der ihn hier erwarten würde? fragte ich wei-ter. Nicht direkt, meinte Bruno. Er vermeide jede feste Beziehung. Aber eine Hawaiianerin ist immer für ihn da, kümmert sich auch um das Apartment in seiner Abwesenheit und freut sich auf sein Kom-men. Also lebe er doch nicht ganz allein, meinte ich mit einem Schmunzeln auf den Lippen und verabschiedete mich. Wir waren in Kona gelandet.

Die Landebahn wurde an der Westküste von Big Island direkt in ein großes Lavafeld hineingebaut. Unsere Boeing hält vor dem Terminal 1, einem offenen Abflug- und Ankunftsgebäude mit einem mit Holz-schindeln gedeckten Dach und einem halboffenen Gebäude gleicher Bauart mit einem Gepäckband. Das spiegelbildlich errichtete Termi-nal 2 hat an Stelle des Gepäckbandes vier Schalter zum Einchecken. Ein Shop für Getränke, Zeitungen, Ansichtskarten und allerlei Sou-venirs rundet das bescheidene Ensemble ab. Palmen fächern im Wind. Bougainvilleas leuchten in voller Blüte. In der Ferne grüßen die beiden von ein paar Schönwetterwolken umspielten Vulkanberge Mauna Loa und Mauna Kea. Die Sonne scheint und die Luft fühlt sich seidig weich an. Was für ein Empfang.

Beim Warten auf unsere Koffer halte ich nach Bruno Ausschau. Anscheinend hatte er nur ein Board Case bei sich, denn trotz aller Anstrengungen kann ich ihn nirgendwo mehr sehen. Er war mit seiner Hawaiianerin entschwunden, bevor wir sie mit unseren neugierigen Blicken ausfindig machen konnten. Optimalni.

Der Mitten im Pazifik am nördlichen Wendekreis des Krebses liegende hawaiische Archipel besteht aus zahllosen Inseln und kleineren Atollen. Die acht größten Inseln bilden seit 1959 den 50. Staat der USA. Von Nordwest nach Südost sind dies, in Reihenfolge ihrer naturgeschichtlichen Entstehung, Niihau, Kauai, Oahu mit der Hauptstadt Honolulu, Molokai, Lanai, Kahoolawe, Maui und Hawaii. Letztere gab dem Staat seinen Namen und wird wegen ihrer Größe auch Big Island genannt.

Niihau und Kauai sind die beiden ältesten, Hawaii ist die jüngste der Inseln, immer noch nicht vollendet, da der sehr aktive Vulkan Kilauea an der Südost-Flanke Tag für Tag einen nicht endenden Lavastrom ins Meer ergießt und neues Land bildet. Noch nicht geboren, noch nicht sichtbar, aber schon auf den Namen Loiki getauft, entsteht etwa

10

50 Kilometer von der Küste entfernt in rund tausend Jahren eine neue Insel, die bereits bis auf einige hundert Meter an die Meeresoberfläche herangewachsen ist.

Auf Niihau haben Touristen keinen Zutritt, die Insel ist in privater Hand, Kahoolawe war bis 2003 amerikanischer Militärstützpunkt und die Infrastruktur der beiden kleineren Inseln Molokai und Lanai gilt als bescheiden. So konzentrieren sich unser Interesse und das der zahllosen Besucher auf Oahu, Maui, Big Island und Kauai.

Für uns sind diese vier Inseln das wahre Paradies. Das biblische wird vielfach im Zweistromland zwischen Euphrat und Tigris vermutet, eine Vorstellung, die man in Erinnerung an das Schreckensregime von Saddam Hussein nur schwer nachvollziehen kann. Friede und Glück herrschen im Paradies. Der Mensch lebt dort in Freiheit von Sünde und Tod und im Überfluss an allen erdenklichen Gaben zusammen mit ebenso friedlichen Tieren. Na ja, das Paradies wird wohl doch ein Traum bleiben.

Big Island – Insel des Feuers

Wir mieten bei Alamo einen roten Tracker, einen Van mit Vierradantrieb von General Motors, und fahren auf dem Highway 19 Richtung Norden zu unserem Hotel.

Auf den ersten Blick erscheint uns die Westseite der Insel, die Kohala Coast, unwirtlich, fast abstoßend. Nichts als Lavafelder, wenig Vegetation. Die Küste birgt jedoch eine große historische Tradition. Allerdings sind die Spuren der alten Hawaiianer sehr im Verborgenen. Nur wer interessiert ist, wird sie suchen und finden und mit Sicherheit von den Steinzeichnungen, Fischerdörfern und Kultanlagen sehr begeistert sein. Auf unseren Fahrten machen wir viele Entdeckungen und sammeln nachhaltige Eindrücke. Doch alles der Reihe nach.

Die besten und größten Hotels von Big Island haben an der Kohala Coast ihren Platz gefunden, versteckt in kleinen oder größeren Buchten. Zum Glück sind es nicht einmal zehn und über 50 km verstreut. Dazwischen liegt Niemandsland. Vom Highway aus können sie mehr erahnt als gesehen werden. Nur das leuchtende Grün der Südseepalmen und die ganzjährig blühenden Bäume und Sträucher sowie der Rasen gepflegter Golfplätze lassen aus der Ferne erkennen, dass hier großzügige „Resorts" von Menschenhand geschaffen wurden. Oasen der Ruhe und Erholung, Luxus pur.

Wir wohnen zum dritten Mal im gleichen Hotel. Die Betreiber wechselten und mit ihnen die Namen. The Royal Waikoloan wurde zuerst in Outrigger Resort umbenannt und heißt jetzt Marriott Waikoloa Beach Resort. Wie auch immer, dieses Hotel ist und bleibt unser Favorit. Vom Zimmer in der fünften Etage, nicht höher als die Palmen im Park, blicken wir auf die kleine Lagune mit ihrem feinen weißen Sandstrand, die Reste des in der Anlage des Hotels integrierten, sehr alten Fischerdorfes mit dem großen Fishpond und den tiefblauen, immer bewegten Pazifik.

Aloha, werden wir auf hawaiisch begrüßt, einer sehr melodischen und nur aus den 12 Buchstaben a, e, i, o, u und h, k, l, m, n, p, w bestehenden schönen Sprache. Hula war ursprünglich ein religiöser Männertanz, der als Tanz der Grazie, Schönheit und Harmonie kommerzialisiert und von Hollywood der ganzen Welt bekannt gemacht wurde. Spätestens beim ersten Besuch von Hawaii lernt man noch das Wort Luau, das Festmahl bedeutet und wöchentlich einmal in jedem größeren Hotel unter freien Himmel am Abend begangen wird. Mit diesen drei Worten soll es vorerst genug sein.

Die ersten Polynesier entdeckten vermutlich zu Beginn unserer Zeitrechnung Hawaii. Sie kamen von den Marquesas und segelten mit ihren Auslegerbooten die schier unvorstellbare Strecke von 4.000 km über den offenen Pazifik, ohne auch nur einmal dazwischen an Land gehen zu können. Was für eine Leistung.

Mit der Ankunft der Tahitianer etwa zwischen 1100 bis 1300 n. Chr., welche die ersten Siedler unterwarfen, begann die Entwicklung einer hawaiischen Gesellschaft und Kultur. Sie war durch gesellschaftliche Klassen und strenge Gesetze gekennzeichnet. Die „ali'i", die Häuptlinge herrschten despotisch über ihre Untertanen und das „kapu" genannte Gesetz kannte zahlreiche Verbote und als Strafe in vielen Fällen die Todesstrafe.

Das Gelände unseres Hotels war bereits vor Jahrhunderten besiedelt worden. Unser Interesse ist groß. Wir machen noch am Nachmittag einen Rundgang und starten damit bei den Mauerresten der kleinen Häuser, die den Stammesherrschern vorbehalten waren. Im hale noa versammelten sich Männer und Frauen gleichermaßen. Im mua nahmen ausschließlich die Männer ihre Mahlzeiten ein. Frauen war es unter Strafe verboten, diesen Raum zu betreten. Einige Meter weiter sehen wir mehrere Lavatubes, Höhlen im erkalteten Gestein, die durch Äste und Palmenzweige abgeschirmt die einfachen Bewohner vor Wind und Regen schützten. Einige Schritte landeinwärts befindet sich noch heute im Lavagestein ein gut sichtbarer Pfad, der einst fast um die ganze Insel führte. An mehreren Stellen können wir Figuren, Tiere und Symbole sehen, so genannte Petroglyphen, die vor langer Zeit in den Stein geritzt wurden. Eine Schrift war nicht bekannt. Die Hawaiianer drückten sich in Symbolen aus.

Am meisten beeindruckt uns jedoch die als Fishpond genutzte Lagune, jener durch einen schmalen Landstreifen, dem heutigen Badestrand, vom offenen Meer getrennte flache Meeresteil. Durch eine von den alten Hawaiianern gebaute Schleuse wird die als Fischteich genutzte Lagune bei Flut noch heute mit frischem Wasser gespeist. Bei Ebbe verhindern Holzpfähle, dass größere Fische entfliehen können. Im Teich wimmelte es von Fischen. Wir sehen Barsche und Aale. Ein gewaltiger Barrakuda zieht unsere besondere Aufmerksamkeit auf sich. Täglich um die Mittagszeit bezieht er an einer seichten sonnigen Stelle Position und lauert auf Beute.

Die alte Siedlung und das Hotel liegen an der Anaeho'omalu Bay. Entlang der Küste nach Norden führt ebenfalls ein Pfad zur etwa 2 km entfernten Waiulua Bay. Dort befand sich einst eine zweite Siedlung, die Platz für etwa 20 Menschen bot. Zahlreiche kleine Brackwasserteiche finden sich entlang des Pfades. Diese Tümpel bieten den idealen Lebensraum für mehrere Shrimpssorten, die den alten Hawaiianern ebenfalls als Nahrung dienten.

Wir machen kehrt und wandern zur Bucht unseres Hotels zurück. Mit einem ausgiebigen Bad im kristallklaren und angenehm warmen Wasser des Pazifik, umschwärmt von kleinen als auch größeren bunten Fischen und ein paar Riesenschildkröten, die offenbar wie wir die Anaeho'omalu Bay zu ihrem Lieblingsplatz auserwählt haben, beenden wir unseren ersten Tag auf Big Island.

Kona Coast, Stätten der Zuflucht und des Todes

Der Zeitunterschied zwischen Hawaii und Mitteleuropa beträgt 12 bzw. 11 Stunden, je nach dem, ob man in unserem Sommer oder in der Winterhälfte dort hinfliegt. Wie auch immer, die Umstellung und Anpassung dauert ein bis zwei Tage. Das beste Rezept heißt, immer zur gleichen Zeit zu Bett gehen, mindestens neun Stunden die Augen geschlossen halten, ob man schläft oder auch nicht, täglich zur gleichen Stunde aufstehen und dann viel Aktivität entwickeln.

Wir fahren auf dem Highway 19 nach Süden, am Flughafen vorbei nach Kailua Kona, von allen schlicht Kona genannt. Dieses sehenswerte Städtchen scheint in mehrerer Hinsicht bedeutsam. An der Ampel biegen wir in die Palani Road ein und fahren bergab Richtung Küste. Gleich an der ersten Kreuzung mit der Kuakini Road wird rechts mit dem Vorurteil aufgeräumt: „Es gibt kein Bier auf Hawaii". Die etwas älteren Semester kennen vermutlich alle noch den gleichnamigen Song der 50-er Jahre. Für mich als in Bayern geborener Franke wirkt die Entdeckung der Kona Brewing Company auf jeden Fall beruhigend. Wer lieber Kaffee trinkt, der liegt in Kona ebenfalls richtig. An den höher gelegenen, kühleren und von überhängenden Wolken feucht gehaltenen Hängen wird Kona Coffee in großen Mengen angebaut. Kona heißt in der Sprache der Hawaiianer Leeseite. Die von Nordosten wehenden permanenten Passatwinde drängen jedoch die Wolkenfelder vor allem am späten Nachmittag über die mehr als 4.000 m hohen Vulkanberge, was zu kurzen Niederschlägen führt und ein ausgezeichnetes Klima für den Anbau von Kaffee schafft. Mehrere Sorten unterscheiden die Händler: Prime ist der einfachste, es folgen Fancy als Mittelklasse und Peaberry, der aromatischste und teuerste. Leider wird in den Cafés und Restaurants meist nur ein Flavored Prime angeboten, der mit Vanille und dem Aroma der Macadamianüsse angereichert ist; typisch amerikanisch und nicht jedermanns Geschmack.

Auf dem an der Küste entlang führenden Alii Drive machen wir einen ersten Stopp am King Kamehameha Hotel, dessen Hallen und Gänge einem kleinen Museum gleichen. Kamehameha war Häuptling und Herrscher über Hawaii. Von den Engländern ausgebildet unterwarf er Ende des 18. Jahrhunderts die Stämme der anderen Inseln und nannte sich fortan King Kamehameha I. Waffen, Werkzeuge, Gebrauchsgegenstände, Schmuckstücke, alte Fotos und ein Auslegerboot werden ausgestellt. Am Strand des Hotels steht der Ahu'ena Heiau, ein der Fruchtbarkeitsgöttin Lono geweihter Tempel. Lono wurde um Friede, Regen und eine reiche Ernte angefleht. Schweine und Speiseopfer wurden ihr dargebracht. King Kamehameha I. verbrachte an diesem Heiau die letzten Tage seines Lebens.

Einige Schritte auf dem Alii Drive weiter steht der Hulihe'e Palace, der 1838 erbaut wurde, bis Anfang des 20. Jh. den Königsfamilien als Sommersitz diente und heute ein kleines Museum beherbergt. Bei unserem ersten Besuch des nicht allzu großen Gebäudes 1992 begrüßte uns eine ältere Hawaiianerin. Sie war gar nicht der füllige Typ, der sonst so häufig zu sehen ist, sondern klein und zierlich, mit sehr sanften dunklen Augen und einem freundlich lächelnden Gesicht.

„Aloha", rief sie uns zu, „wenn Sie möchten, führe ich Sie durch unser Haus". Wir nahmen dankbar an. „Ich bin die Enkelin des letzten Königspaares und habe in meiner Jugend viele schöne Tage im Hulihe'e Palace verbracht. Heute lebe ich in einem kleinen Haus, etwas weiter oben am Hang mit Blick auf Pele's Berge und das Meer. Aber aus Liebe zum Haus unserer Familie, das heute Museum und ‚landmark' ist, führe ich die Besucher durch die alten Räume und erzähle gerne auch die eine oder andere kleine Geschichte aus der damaligen Zeit".

Beim Vorbeigehen erinnern wir uns an den aufschlussreichen Rundgang mit der Prinzessin, die inzwischen leider verstarb. Wir überqueren die Straße und besuchen die Mokuaikaua Church, die erste christliche Kirche des hawaiischen Archipels. Sie wurde zwei Jahre vor dem Palace, 1836, aus Lavasteinen und Korallen errichtet und macht noch immer einen sehr stabilen Eindruck. Das Interesse für diese schönen, alten Gebäude scheint nicht groß zu sein. Außer uns kommt niemand herein.

Einmal im Jahr rückt Kona in den Blickpunkt der Welt, wenn vom Sport gestählte Konditionswunder zum spektakulären Ironman Triathlon antreten, an dem auch eiserne Frauen teilnehmen dürfen. Das Wasser brodelt, wenn mehrere hundert Arme den Pazifik in der Bucht von Kona durchpflügen. Weniger Wirbel entsteht, als wir an gleicher Stelle mit der Atlantis, einem kleinen Unterseeboot mit großen Bullaugen, bis auf etwa 50 Meter hinabtauchen, zuerst am Riff entlang fahren, um dann auf einer Sandbank für einige Zeit festzumachen. Die farbenprächtigen Korallen, Fische, Muscheln, Seeigel und Seesterne entlocken uns ein entzücktes Ah und Oh. Das Abenteuer ist nicht gerade preiswert, dafür aber ein einmaliges Erlebnis.

Für noch mehr Geld können im Hafen von Kona Yachten mit Kapitän und Mannschaft zum Hochseefischen angemietet werden. Marlins, blue, striped oder black, heißen die begehrten Ziele. Auch Schwertfische und die etwas kleineren Speerfische sind hoch im Kurs. Auf einer Trophäenliste werden seit 1960 alle Marlins mit einem Gewicht von mehr als 1.000 pounds, also mehr als 450 kg verzeichnet. Bis 2003 wurden 63 gefangen, der schwerste Marlin wog sagenhafte 748 kg. Meistens gehen jedoch Tunfische an den Haken. Yellow Fin, Ahi genannt, ist die beste Sorte, die in erster Linie roh als Sashimi auf japanische Art mit Wasabi, dem scharfen grünen Meerrettich in den Restaurants angeboten wird. Einfach köstlich. Dazu passt ausgezeichnet ein trockener Weißwein, ein Chardonay oder noch besser ein Sauvignon blanc. Weil wir gerade beim Essen sind, Mahi Mahi, Ono und Opakapaka sind drei weitere köstliche Speisefische, die man sich auf keinen Fall entgehen lassen sollte.

Wir verlassen Kona, fahren zunächst die Küstenstraße weiter und dann auf dem Highway 11 in südliche Richtung. Bunte Holzhäuschen mit Hibiskusbüschen im Garten gleiten an uns vorüber, das Aloha Theater Café und das Manago Hotel laden zu einem Imbiss ein. Kurz hinter der kleinen Ansiedlung Honaunau verlassen wir die 11 und fahren hinunter ans Meer zu einem der bedeutungsvollsten historischen Plätze der Insel und des Archipels, zum Pu'uhonua o Honaunau, zum Place of Refuge, zur Stätte der Zuflucht.

Der sorgfältig gepflegte Ort strahlt Ruhe und Erhabenheit aus. Eine hohe und breite und gut 300 m lange, aus Lavasteinen gebaute Mauer schirmt ein Areal von etwa 20.000 qm vom Meer ab. Gesetzesbrecher

18

und Kriegsflüchtlinge, welche diesen Platz schwimmend über das Meer erreichten, waren von ihrer Strafe befreit.

Innerhalb der Umfriedung stehen zwei Tempelplattformen und ein großer Stein mit eingeritzten, sich mehrfach kreuzenden Rillen, der als Spieltisch benutzt wurde.

Auf der Landseite der Mauer befinden sich Fischteiche und Reste von Wohnhäusern, Hütten, Lagerhallen und Tempel, alle mit viel Liebe zum Detail restauriert, die eindrucksvoll erkennen lassen, wie sich das Leben auf diesem fürstlichen Grund der ali'i abgespielt haben mag.

Am nachhaltigsten wird uns jedoch die Tempelanlage an der Nordspitze der Mauer, direkt am anbrandenden Meer in Erinnerung bleiben. Unter einer kleineren, steinernen Tempelplattform, einem Mausoleum für Stammesfürsten, liegen 23 ali'i begraben. Aus dem Holz von Palmen und anderen Bäumen geschnitzte, übermannsgroße Figuren, so genannte Tikis, schützen mit ihren fratzenhaften Gesichtern die Toten vor den bösen Geistern. Der Tempelsockel ist mit einem hölzernen Turm überbaut, auf dem die Einheimischen immer wieder frische Opfergaben niederlegen.

Pu'uhonua o Honaunau

Wenige Meter daneben konnten die ali'i in einer kleinen, von Palmen gesäumt Bucht mit ihren Kanus anlegen. Im klaren Wasser tummeln sich Meeresschildkröten, deren Panzer gut einen Meter lang werden können.

Auf der Rückfahrt halten wir kurz an der St. Benedict's Church. Auf Grund ihrer reichen Innenbemalung wird sie auch Painted Church genannt. Unser nächstes Ziel hat mehr Gewicht. Über die Napoopoo Road gelangen wir zur Kealakekua Bay. Wir halten am Hikiau Heiau, einer Tempelruine, die einem Steinsockel gleicht.

Die kleine, unscheinbare Bucht vor diesem heiau ist ein historisch bedeutsamer Ort. Auf der gegenüberliegenden Seite, die nur mit einem Boot erreicht werden kann, erinnert ein weiß leuchtender Obelisk daran, dass an dieser Stelle 1779 James Cook von den Eingeborenen erschlagen wurde.

Ein Jahr vorher entdeckte James Cook, als erster wie er meinte, die Inseln von Hawaii, die er, wegen ihrer hintereinander liegenden Lage und mit Respekt vor dem englischen Lord gleichen Namens, Sandwich Inseln taufte. Cook landete mit seinen britischen Schiffen in der Waimea Bay auf Kauai. Bei seinem zweiten Aufenthalt, diesmal vor der Kealakekua Bay auf Hawaii, brach in einem Sturm nur wenige Meilen nach der Abreise der Fockmast. Cook musste mit dem havarierten Schiff zurückkehren. Zwischen Eingeborenen und Matrosen entwickelte sich eine Schlägereien. Als Cook nach dem Diebstahl eines Beibootes den Häuptling als Geisel mit an Bord nehmen wollte, brach ein weiteres Handgemenge aus, bei dem zwei Hawaiianer erschossen wurden.

Als Captain Cook den Rückzug anordnete und der wütenden Meute den Rücken kehrte, war es um seinen Nimbus des Ausserirdischen, wie wir es heute bezeichnen würden, getan. Der bisher dem Gott Lomo gleichgestellte Fremde war angreifbar geworden. Von seinem darauf folgenden Schicksal zeugt nur noch ein schmuckloses Monument.

Wir setzen unsere Rückfahrt fort, fahren an Kaffee-Röstereien vorbei und nochmals zum Alii Drive hinunter, denken beim Magic Sands

Beach Park an Bruno, sein Condominium und seine Hawaiianerin und halten bei Jameson's, wo wir „on the beautiful Kona Coast" auf den „beautiful Kona sunset" warten. Wir erfrischen uns mit einheimischem Bier. Pacific Golden Ale, Fire Rock Pale Ale und Lilikoi Wheat Ale werden angeboten. Alle drei Sorten „hand crafted ales" der Kona Brewing Company und alle vom Fass gezapft, wird uns versichert. Wir entscheiden uns für das Pacific Golden Ale. Das Essen starten wir auf Empfehlung des Chefs mit frisch gebratenen Shrimps auf einem Salatbett und bestellen uns als Entree, wie die Amerikaner das Hauptgericht nennen, Mahi Mahi in Zitronenbutter sautiert. Dazu lassen wir uns einen gut gekühlten Sauvignon aus Neuseeland servieren.

Die Dämmerung bricht schnell herein und der Himmel entwickelt ein fast unbeschreibliches Spektakel. Die zuerst noch goldgelb glühende Sonne versinkt am Horizont in einer wahren Farborgie und das Firmament wechselt von orange in rot und violett. „Wenn alles, was die Natur uns zeigt, schön ist, dann gibt es auf der Welt keinen Kitsch", schreibe ich auf einer Postkarte an Evi.

North Kohala, von Königen und Ranchern

Big Island ist zweimal so groß wie alle anderen Inseln zusammen. Bei klarem Himmel sind die beiden Vulkane Mauna Kea und Mauna Loa mit ihren rund 4.200 m Höhe fast von allen Seiten zu sehen. Vom Meeresgrund aus gemessen sind sie die höchsten Berge der Erde, auf denen Pele, die Göttin des Feuers ihr Zuhause hat. Im stets sonnigen Westen fällt das Land sanft zum Meer hin ab. Die vielen sandigen Buchten sind ideal zum Baden und Surfen. Die Ostküste dagegen ist rau, hat steile Klippen und eine großteils unberührte Natur. Die den Regen bringenden Trade Winds, nach den Handelsschiffen genannt, die von diesen Winden von Amerikas Küste herüber getrieben werden, ließen im gesamten Osten der Insel einen tiefen, dunklen Regenwald mit einer vielfältigen und zum Teil endemischen Flora entstehen. Die außergewöhnliche Landschaft und die krassen Gegensätze von karger Lava und tropischer Vegetation, weißen und schwarzen Stränden, sonnigen und regenreichen Landstrichen und das Mystische alter Kultstätten machen für uns den Charme von Big Island aus. Wer die Natur sucht, der findet sie hier, wie wir meinen. Wer die Schöpfung sucht, begegnet auch ihr auf Schritt und Tritt.

Auf unserer Fahrt in den grünen Norden nehmen wir wieder zuerst den HW 19. Etwa 20 bis 30 km von unserem Hotel entfernt legen wir gleich einen Stopp am Hapuna Beach ein, dem nach unserer Meinung schönsten Strand der Insel. Wir parken im Schatten einer Akazie. Umkleidekabinen und Duschen stehen hinter Büschen versteckt zur Verfügung. Für die Sicherheit sorgen Lifeguards. Wir lassen uns in den Wellen des glasklaren Wassers treiben und anschließend von der leichten Brise angenehm erfrischen. Da wir noch viel vorhaben, bleiben wir nicht lange und brechen bald wieder auf

Einige Kilometer weiter biegen wir auf die Straße 270 ein. Hoch auf einem Hügel thront auf der linken Seite die größte Tempelanlage des Archipels. Der gewaltige Pu'ukohola Heiau wurde 1791 von Kamehamea I. zur Demonstration seiner Macht für den Kriegsgott Ku gebaut und erinnert an die Gründung des Vereinigten Königreiches von Hawaii im Jahre 1795. Die Kriegskanus brachen ganz in der Nähe von Kawaihae zur Eroberung der anderen Inseln auf. Heute ist dort ein kleiner Handelshafen, den wir zum Abschluss unseres Tagesausflugs aufsuchen werden.

Die Küstenstraße bringt uns weiter nach Norden. In der Ferne können wir die Nachbarinsel Maui mit dem über 3.000 m hohen Haleakala im Dunst erkennen. Wir fahren landeinwärts die Hügel hinauf. An zwei weiteren historischen Landmarks kommen wir vorbei, bevor wir die malerischen alten kleinen Städtchen Hawi und Kapaau erreichen. Im Lapakahi State Park sehen wir Steinhäuser eines Fischerdorfes und beim Mo'okini Heiau die älteste Kultstätte Hawaiis. Sie wird von einer Familie der Tempelhüter noch immer in Stand gehalten und wie zur Zeit der alten Könige liebevoll gepflegt. Kamehameha I. erblickte ganz in der Nähe das Licht der Welt. Seine überlebensgroße Statue können wir in Kapaau bewundern. Sie ist über und über mit Leis geschmückt, bunten Blumengirlanden, die mehrfach wöchentlich erneuert werden. Der König trägt einen Umhang und einen Helm. Zu Lebzeiten des Königs war allein das kostbare Federkleid aus über 400.000 gelben Mamo-Federn zusammengenäht und die Herstellung der Kopfbedeckung des Herrschers erforderte bestimmt weitere 10.000 Federn. Einen Blick wert ist uns auch der Old Takata Store, heute ein Restaurant, und die 1855 erbaute christliche Kirche. Gleich nebenan im alten Stadthaus wird uns ein herzliches „Grüß Gott" und „Willkommen" zugerufen. Wir machen erstaunte Augen. „Ja, ja, wir können uns auf Deutsch unterhalten, wenn Sie möchten", meint die Frau, die uns die Eintrittskarten verkauft. Ihre Familie lebe schon in der dritten Generation auf der Insel. Das Zuckerrohr brachte früher viel Arbeit. Heute sei die Familie im Gemeinde- und Sozialdienst tätig. Sie habe noch deutsch gelernt. Ihre Kinder wollen das aber nicht mehr. „Waren Sie einmal in Deutschland?", frage ich sie. Nein, dazu würde das Geld nicht reichen. Sie war einmal in Honolulu und einmal in San Francisco, das sei genug. „Die Insel ist so schön und nirgendwo ist die Welt so ruhig und friedlich wie in North Kohala". Wir können dem nur zustimmen und fahren weiter bis zum Ende der Straße am Pololu Valley Overlook. Ein traumhafter Ausblick bietet sich uns hier. Die hohen Klippen fallen steil ins Meer. Die starke Brandung bricht sich an den Felsen. Bedrohliche Regenwolken entleeren sich in Sichtweite an den bewaldeten Berghängen, um kurz darauf der strahlenden Sonne wieder Platz zu machen.

Wir müssen erst zurück nach Kapaau. Gleich dahinter zweigt vom Lookout kommend links eine Straße ab, die sich am Bergrücken der Kohala Mountains hoch schlängelt und entlang nach Waimea führt. Zuerst Wälder, dann Weideflächen und immer wieder schöne Ausblicke auf den Pazifik und die beiden großen Vulkanberge. Die Landschaft wandelt sich und erinnert streckenweise an die sanften Hügel unserer Voralpen. Wir befinden uns auf etwa 800 m Höhe und vor uns liegt das Areal einer Ranch, die zu den größten der ganzen USA gehört, und das in Hawaii. Die Parker Ranch züchtet auf etwa 250.000 Hektar 50.000 Rinder und fast 1.000 Pferde. Im Jahr 1815 kaufte John Palmer Parker das erste Land. Nach der Heirat einer der Prinzessinnen konnte er 1847 und in den folgenden Jahrzehnten weiteres Land für seine Ranch hinzu erwerben oder pachten. Am Ende der einen Meile langen und von Bäumen gesäumten Zufahrt fahren wir auf das heutige Herrenhaus im viktorianischen Stil zu, dessen Anfänge bereits 1862 errichtet wurden. Daneben stehen noch immer die beiden älteren aus Holz gebauten bescheidenen Wohnhäuser der Farmerfamilie, deren großväterliche Einrichtung wir besichtigen. Das vielleicht bedeutsamste Objekt, das 1992 bei unserem ersten Besuch noch im Hale Kea Building, dem Wohngebäude für Verwalter und Gäste hing, befindet sich jetzt im Herrenhaus. Fast 200 Jahre vor der in allen Geschichtsbüchern verzeichneten Entdeckung von Hawaii segelte ein Schiff unter spanischer Flagge an diesen Inseln vorbei, ohne dass auch nur ein Seemann seinen Fuß auf das Land setzte, um davon Besitz zu ergreifen. Der mitreisende Kartograph hielt seine Eindrücke fest, die Rauch ausstoßenden Vulkankegel der Inselgruppe, das üppige Grün der Wälder und das unter vollen Segeln vorbeiziehende Schiff, stach die Szene 1576 in Kupfer und nannte die Inselgruppe „Los Vulcanos". Ich stehe zum zweiten Mal lange und sehr fasziniert vor diesem einmaligen Bilddokument, das die Geschichte neu schrieb und dessen Existenz James Cook nicht bekannt war.

Auf dem Rückweg fahren wir wieder hinunter zur Westküste. Der Magen meldet sich, Zeit zum Abendessen. Gegenüber dem Hafen, von welchen die Kanus Kamehamehas I. zu ihrer Eroberung aufbrachen und über Jahrzehnte die Rinder der Parker Ranch zum Transport in die Schlachthöfe der USA verschifft wurden, blinkt die Leuchtschrift der Harbor Grill & Seafood Bar, eine einladende Bar, die Lunch und Dinner serviert und ein ebenso einladendes, sehr altes Restaurant, das vom Frühstück bis Mitternacht geöffnet hat. Chock Hoo, ein Chinese gründete 1850 das erste Hotel an der Kohala Coast. Er war Arbeiter in der damaligen Zucker Plantage. Nach der Erfüllung seines Kontraktes, nach zehn Jahren harter Arbeit und sparsamer Lebensführung, machte er sich als Hotelier und Gastronom selbständig. Ein Vorspann der Speisenkarte und ein bebildertes Handbuch für die Gäste schildern den Werdegang. „Mr. Chock Hoo sent to China for a picture bride", steht da geschrieben. Unglaublich aber wahr, Chock hatte sich seine Frau nach einem Bild ausgesucht; offensichtlich keine neuzeitliche Erfindung. Als sie ankam, war sie 17. Er hatte mit ihr 9 Kinder. Wenn 1946 der die Küsten der Insel überflutende Tsunami die Anlage verschont hätte, würden wir noch im alten Gebäude sitzen können. Aber auch das „neue" sieht von außen und innen alt und lustig aus, mit angestaubten Fotos, Bildern, Werbetafeln und Seemannszeug garniert. Die Küche ist gut für excelent food, wie der Amerikaner sagen würde. We enjoyed the Pupus, die kleinen hawaiischen Gerichte. Fresh clams in garlic broth sind der Höhepunkt der Speisenkarte, frische Jakobsmuscheln im Knoblauchsud. Der Kellner quittiert unsere Bestellung mit einem zustimmenden Nicken.

Seit Anfang des 19. Jahrhunderts wurden auf Hawaii über 50 Tsunamis registriert, von denen 7 größere Schäden verursachten. Zwei davon ereigneten sich im letzten Jahrhundert, 1946 und 1960. Erdbeben, Erdrutsche und Vulkanausbrüche auf dem Meeresboden lösen Wellen unter der Meeresoberfläche aus, welche Geschwindigkeiten bis zu 600 mph erreichen und weder von Schiffen noch von Flugzeugen wahrgenommen werden können. Erst wenn diese Grundwellen auf flacheres Gebiet treffen, türmen sie sich an der Oberfläche bis zu 20 oder gar 30 m auf und überschwemmen das Land mit bis zu 30 mph. Der Tsunami von 1946 hatte seinen Ursprung in den Aleuten vor Alaska. Er verwüstete den Nordenwesten und Osten von Big Island ohne Vorwarnung, schlug Chock Hoo's Hotel und ganze Häuserreihen in Hilo in Trümmer und tötete 170 Menschen. Auf Grund der verheerenden Schäden dieses Tsunamis und jenes von 1960 wurde inzwischen ein gut funktionierendes Tsunami Warning System für den pazifischen Raum eingerichtet. Vom Meeresgrund melden Tsunameter die Druckwellen über Bojen an Satelliten und von dort an die Frühwarnzentrale. Beruhigend, wenn es funktioniert.

Kilauea, Wohnsitz der Feuergöttin Pele

Wir brechen frühzeitig auf. Die Vulkanberge liegen völlig frei vor uns. Die weißen Kuppeln des Planetariums in 3.800 m Höhe spiegeln die Sonne zu uns herunter. Der richtige Tag für eine Fahrt zum Volcanoes National Park. Schnee liegt noch keiner. Die weiße Pracht kommt erst Mitte Dezember, was die Unentwegten ermuntert, mit dem Helikopter von den Palmen zum Skilaufen hinauf zu gleiten. Für uns stehen zwei Möglichkeiten zur Auswahl, die Südroute über Kona und den Highway 11 oder die Nordroute über den Highway 19 vorbei an der Parker Ranch und der Bezirkshauptstadt Hilo. Wir entschließen uns für die zweite Variante.

Den kleinen Ort Weimea auf dem Bergsattel zwischen dem Mauna Kea und den Kohala Mountains erreichen wir bereits nach 25 Minuten. Wir blicken hinaus auf den schier unendlichen Pazifik. Am östlichen Horizont zeigen sich erste Wolken, was aber nichts zu bedeuten hat. Rings um uns ist die Landschaft sattgrün. Das Weideland, auf dem Rinder und Pferde grasen, wird langsam von Wäldern abgelöst. Bergab passieren wir Honokaa, das frühere politische Zentrum, und fahren auf dem Highway 19 die Hamakua Coast entlang, eine der schönsten Küstenstraßen der Welt. Zahlreiche Brücken überwinden die Täler und Schluchten des tropischen Regenwaldes. Wasserfälle und kleine Bäche stürzen tosend in die Tiefe. Mächtige alte Koa, hawaiische Hartholzbäume, recken zusammen mit rot blühenden anderen, uns dem Namen nach nicht bekannten Bäumen, ihre Kronen in den Himmel. Mal fahren wir über den Wipfeln, mal mitten durch den Regenwald hindurch, wie durch einen großen Tunnel.

Nach einer Stunde begeisternder Fahrt taucht die Bucht von Hilo auf. Ich muss den Tracker auftanken und nehme die erste Gelegenheit hierzu war. „Full service?", fragt mich der junge Mann. „Gas", sage ich, „full please". „With service?", fragt er erneut. „What service?", will ich nun wissen. „Gas, window cleaning, oil and water control, air check, all you need". Nein, nein, meine ich, nur tanken will ich. Dann müsste ich die Säule wechseln. An dieser wird nur full service geboten. Etwas verständnislos wechsele ich die Zapfsäule, er füllt den Tank auf, ich zahle, gebe ein kleines Trinkgeld, bleibe der einzige Kunde, bewundere noch mal die Säule für full service und fahre weiter.

Hilo ist der Regierungssitz von Big Island mit Hafen und einem Flugplatz für Island Hopping. Drei- und vierstrahlige Maschinen können nicht landen. Vor Jahren machten wir hier einen Zwischenstopp auf dem Weg nach Maui. Kurz vor dem Weiterflug meldete der Pilot ein Problem. Monteure rannten hin und her. Plötzlich wurde unsere kleine Boeing seitlich angehoben. Nach einigen hämmernden Geräuschen glitten wir wieder sanft zu Boden. Alles sei im grünen Bereich, verkündete der Pilot, vorsichtshalber habe er einen Reifen wechseln lasse. Und das mit einer voll besetzten Maschine. Aloha. So einfach nimmt man derartige Störfälle. Probleme gibt es keine in Hawaii, nur Problemchen.

Wir unternehmen eine Rundfahrt durch die Historic Old Town. Alter Charme, meist frisch herausgeputzt und deshalb sehenswert. Von den Verwüstungen des letzten Tsunami im Jahr 1960 ist natürlich nichts mehr zu sehen. Alles war originalgetreu wieder aufgebaut worden. An der Kamehameha stehen im Jugendstil geschmückte Geschäftshäuser und Banken. In der Waianuenue fallen die Gebäude von Koehnen's, Kaikodo, First Trust und Pacific ins Auge und in der Kilauea warten die Christian Church und schräg gegenüber die Taishoji Soto Mission auf gläubige Besucher. Leider reicht unsere Zeit für das Lyman Museum and Mission House in der Haili nicht mehr. Ich weiß, dass die 1839 erbaute und voll eingerichtete Mission sowie das Museum Hawaiischer Kultur ein Muss sind. Was für ein guter Grund, noch einmal, noch ein viertes Mal eine Reise zur Insel Hawaii zu planen.

Bis zum Visitor Center des Volcanoes National Park auf dem Kilauea sind es noch 28 Meilen, eine halbe Stunde Fahrt. Der Highway 11 steigt steil bergan. Etwa nach dreiviertel des Weges erregen hochstielige Blümchen am Wegesrand unser Interesse. Wir halten an. „Wilde Orchideen", ruft Irene mir ganz aufgeregt zu. Wunderschön. Ich fotografiere, offensichtlich im letzten Sonnenstrahl, denn die Wolken, die vor einer Stunde noch weit draußen über dem Pazifik zu sehen waren, haben uns erreicht. Der einsetzende Nieselregen, der uns bis zum Park begleitet, verwandelt sich in einen ausgewachsenen tropischen Wolkenbruch. Außer dem vom Himmel stürzenden Wasser ist nichts mehr zu sehen. Kane, der Gott des Wassers ist in seinem Element. Wir nutzen die Zeit und ziehen uns im Auto um: Lange Hosen, warme Kleidung, feste Schuhe. Die Temperatur beträgt höchstens 10 ° Celsius, wir befinden uns am Kraterrand des Kilauea in 1.247 m Höhe.

Der Spuk ist rasch vorüber. Wir gehen in das Visitor Center, um uns schlau zu machen. Gibt es Gefahren oder nicht? Wir befinden uns immerhin auf dem aktivsten Vulkan der Erde. Nein. Zurzeit sei alles in Butter. Filme über diverse Eruptionen werden gezeigt, Bücher, Broschüren und Landkarten sind im Angebot. Ein Guide beantwortet bereitwillig die Fragen der Besucher. Ja, man kann die Chain of Craters Road hinunterfahren. Der Kilauea sei derzeit sehr aktiv. An seiner Südost-Flanke bricht ununterbrochen rot glühende Lava in großer Menge aus dem Erdinneren hervor und fließt Dampfwolken erzeugend und zischend als breiter Strom ins Meer. Die Anfahrt dauert 45 Minuten. Dann folgt ein sehr beschwerlicher Fußmarsch über die erkalteten Lavafelder, für den hin und zurück 5 Stunden anzusetzen sind. Unser Entschluss ist schnell gefasst. Wir begnügen uns mit der Video-Show mit imposanten Bildern der letzten Jahrzehnte.

Anschließend schlendern wir die wenigen Meter hinüber zum Volcano House. Von außen mit Farbe, rot wie Ochsenblut, frisch gestrichen und von innen neu herausgeputzt macht es einen ganz passablen Eindruck. Vom bescheidenen Selbstbedienungsrestaurant darf der Gast nicht allzu viel erwarten. Was isst man auf den Sandwich Isles, wenn es schnell gehen soll? Nein, nicht Hot Dogs, die gibt es auch, Sandwiches sind angesagt. Dazu einen heißen Kaffee und schon sind wir für unsere Entdeckungsrunde gerüstet.

Wir treten hinaus auf die gerade drei Schritte breite Terrasse. Der Blick auf den Kilauea Caldera und hinab in den Krater ist spektakulär. Fast 5 km lang und 3 km breit liegt ein gewaltiger Schlund vor uns. Auf dem etwa 150 m tiefen Grund können wir die Lavafelder der verschiedenen Eruptionen sehen. Der letzte große Ausbruch im Hauptkrater ereignete sich 1982, direkt neben dem Halemaumau, einem kleinen Krater im großen Krater, dessen Name mich schon als Schüler belustigte. Hallo mau mau, riefen wir uns scherzhaft nach dem Geografieunterricht zu. Für die Einheimischen ist der Halemaumau derzeit Sitz der Feuergöttin Pele. Leis und ti-Blätter werden am Kraterrand niedergelegt. Eine bewundernswerte Geste. Einen Tag nach unserem Heimflug 1995 bebte die Erde auf Big Island, der Kilauea explodierte nach einer Ruhefase wieder einmal. Etwa 10 km östlich des großen Kraters, auf halber Strecke zum Ozean, trat die Lava mit großer Wucht hervor. Zu Schaden kam niemand. Das Warnsystem funktionierte, was auch uns bei unseren Besuchen beruhigt.

Im Krater herrscht noch immer der Tot. Keine Vegetation. Hier und da können wir Fumarolen sehen, die Wasserdampf gemischt mit Schwefel und anderen giftigen Substanzen entweichen lassen. Am Südrand des Kraters nichts als Asche, Schlacke und Lava.

Am Nordrand zeigt sich ein ganz anderes Bild. Üppige Vegetation. Büsche, Wälder, Wiesen, Blumen. Gut ausgeschilderte schmale Pfade führen zu den schönsten Stellen. Sonnenstrahlen begleiten uns und hellen die Szene auf. Zunächst geht es durch einen kleinen Wald. Zum ersten Mal in unserem Leben sehen wir Sandelholzbäume, die jenes Material liefern, aus welchem zu Großvaters Zeiten die Zigarrenkisten gefertigt wurden. Ein für solche Zwecke viel zu kostbares Gewächs der Natur. Einheimische ohi'a lehua, Hartholzbäume, locken mit ihren großen, roten Blüten Insekten und kleine Vögel und ziehen auch unsere Aufmerksamkeit auf sich. Nach etwa 25 Minuten führt uns der Pfad wieder an den Rand des Kraters. Steaming Bluff wird diese Stelle genannt. Fumarolen, wie auf einer Kette aufgereiht, sind zu sehen. Sie stoßen harmlosen heißen Wasserdampf aus und sind sonst friedlich. Wer in der Lage ist, seinen Blick von den Resten des Infernos wegzureißen, um sich umzudrehen, für den hält die Natur hier eine unerwartete Überraschung bereit.

Eine mit langem, kniehohen Gras bewachsene Wiese breitet sich dort vor uns aus, so groß wie ein Fußballfeld, übersät mit bunten Farbtupfern, weißen Blüten mit lila Rändern. Tausende kleiner Orchideen überragen brusthoch die Gräser. Ein Bild wie im Traum. Ein Bild das mir oft in Erinnerung kommt. Mein Erstaunen und meine Freude waren bereits bei unserer ersten Reise nach Hawaii im Jahre 1992 so groß, dass mich der Wunsch nach einer Wiederkehr an diese schöne Stelle der Inselwelt über mehr als zehn Jahre begleitete. Oft habe ich davon erzählt. Kaum einer hat mir geglaubt. Der tropische Nordost-Passat sorgt für den täglichen Regen. Wind und Vögel brachten Samen und Sporen von weit her. Lava und Asche zersetzten sich und aus dem scheinbaren Nichts entfaltete die Natur über die Jahrtausende hinweg ihre einzigartige Schönheit.

Der Wald reicht beim Volcano House bis weit hinunter in den Krater. Wir folgen auf dem Rückweg einem Pfad, der uns bis auf die Sohle führt. Wieder sind es Sandalwood und ohi'a lehua Bäume, die uns Schatten spenden. Letztere gehören zur Familie der Myrte, Bäume aus Südamerika, für die es auch einen lateinischen, aber keinen deutschen Namen gibt. Die reichen Blüten sind dunkelrot oder gelb. Sie sind für die apapane, den winzig kleinen roten Vögelchen mit schwarzem Schwanz und schwarzen Flügeln, der Lieblingsplatz zum Nektarsaugen.

Fingerkleine und an besonders feuchten Stellen mannshohe Orchideen wachsen rechts und links des Pfades.

Das größte blühende Gewächs, welchem wir begegnen, erweißt sich als gelber Ingwer. Chinesische Plantagenarbeiter brachten diese für ihre Speisenzubereitung wichtige Gewürzpflanze mit, die sich wild wuchernd über die Insel verbreitete. Das anscheinend ideale Klima lässt den Ingwer zweieinhalb Meter groß werden. Die meist gelben, manchmal auch weißen Blütenstände scheinen länger als meine Arme zu sein.

Rund um den Kilauea führt die 18 km lange Crater Rim Road. Wir besuchen noch ein paar interessante Stellen auf der Ostseite. Den ersten Stopp legen wir am Kilauea Iki Lookout ein, einem kleinen Nebenkrater; den zweiten am Devastation Trail, der durch eine wüstenartige Landschaft führt. Nach einer kurzen Runde und auf der Rückfahrt halten wir an der Thurston Lava Tube, einer nach seinem Entdecker genannten, etwa 150 m langen und begehbaren Röhre,

31

welche durch Gasausbrüche in der erkaltenden Lava vor langer Zeit entstand. Das Sehenswerte an diesem wild überwucherten Ort ist für uns mehr der Weg vom Parkplatz zum Röhreneingang und vom Ausgang wieder zurück. Farne, so groß wie Palmen, bilden einen dichten, dunklen und fast undurchdringlichen Wald. Ein Bild wie im Buch der Märchen und Sagen. Nur die Dinos fehlen. Wir betrachten und fühlen die Blätter. Die frischen Sprösslinge sind noch ganz eingerollt und gleichen einer Schnecke, die sich zu großen, gefiederten Blättern an langen Stielen entwickeln. Ihre Unterseiten fassen sich rau an. Hier befinden sich dunkelbraune Pusteln, welche die Sporen beinhalten. Ein paar Sonnenstrahlen lassen das Grün der jungen Pflanzen besonders zart aufleuchten.

Drei Symbole haben die Hawaiianer für ihre Inseln. Der gelbe Hibiskus leuchtet fast überall. Leider sehen wir auch bei diesem Besuch die von allen geliebte und verehrte Nene nicht, jene Graugans, die in den höheren Bergregionen heimisch ist und sich unter anderem von Nüssen ähnlichen Früchten des kukui ernährt. Dieser Buschbaum, das dritte Symbol wächst ebenfalls in den Wäldern zwischen Sandelholz und den Ohi.

Bei all dem Staunen rinnt uns die Zeit davon. Wir überlegen, ob wir übernachten sollen. Im Volcano Village gleich hinter dem Parkeingang lockt die Lokahi Lodge mit einem originellen Werbespruch: „A heaven for those who want to be pampered!". Wir widerstehen und treten die Rückfahrt an. Vor uns liegen zwar 115 Meilen aber auch noch das eine oder andere Erlebnis, das wir uns nicht entgehen lassen wollen. In Hilo fahren wir an der Mehana Brewery vorbei, offensichtlich gibt es noch mehr Bier auf Hawaii, und verlassen gleich darauf den Highway 19. Wir folgen dem Schild Scenic Drive, das uns auf der alten, schmalen und äußerst kurvenreichen Straße entlang der Küste der Onomea Bay führt. Der inzwischen wieder azurblaue Himmel ist durch die ineinander greifenden dicht belaubten Äste des tropischen Waldes nur schwach zu sehen. An manchen Stellen fällt der Blick hinab auf die Buchten und die vom schäumenden Wasser umspülten Klippen. Zurück auf der 19 zweigen wir auf der linken Seite zuerst zu den Akaka Falls und dann zu den Umauma Falls ab, um dann einem weiteren Scenic Drive zu folgen, der an bunten alten Häusern der Zuckerrohrpflanzer vorbeiführt und immer wieder den Blick auf die bezaubernde Küste freigibt.

In Honokaa biegen wir schließlich auf die 240 ab, fahren durch das von Macadamiaplantagen umgebene malerische Städtchen und halten nach etwa 15 km auf dem Parkplatz ganz am Ende dieser Straße. Wir erreichten den Ausblick in das Waipio Valley, 300 m über dem Tal. Hier schlugen vor Jahrhunderten die ersten polynesischen Ankömmlinge ihre Lager auf und ihre Wurzeln. Sie nannten die ihnen unbekannte Insel hawai'i nach ihrer sagenhaften Urheimat hawa'iki. Das zum Überleben Notwendige führten sie in ihren Booten mit. Taro und Süßkartoffel waren die Grundnahrungsmittel, die sie anbauten. Sie setzten Kokosnüsse und zogen Palmen, deren Früchte Durst und Hunger stillten und deren Silhouetten unsere Augen heute mit Südseezauber verwöhnen, obwohl wir uns nördlich des Äquators befinden. Schweine, Hunde und Hühner, allesamt mitgebracht, lieferten Eiweiß und Eier. Mit Fischfang ergänzten sie den Speisenplan. Durch das große, breite und tief in die hohen Berge einschneidende Tal, das sie besiedelten, windet sich ein klarer Fluss, der an einem schwarzen, aus Vulkanasche bestehenden Strand in den Pazifik mündet. Wir sind im Paradies der alten Hawaiianer angelangt.

Doch nichts auf dieser Welt wärt ewig. Auch dieses Tal wurde 1946 durch das Seebeben mit seiner Flutwelle von über 20 m Höhe restlos zerstört. Trotzdem sind einige hawaiische Familien wieder zurückgekehrt, pflanzen Taro, fahren hinaus zum Fischen und leben wie ihre Vorfahren. Weder wir noch die anderen Besucher wechseln viele Worte. Wir nehmen die Eindrücke in uns auf und verabschieden uns nachdenklich.

Zurück zum Hotel ist es noch eine gute Stunde. Die Nacht war hereingebrochen. Wieder kommen wir durch Waimea. Am Steak House der Parker Ranch parken wir den Tracker. Das Restaurant könnte auch in Texas stehen. Viel warmes Holz, Wände aus Bruchstein, Feuer im Kamin, dunkelrote Unterdecke mit weißer Überdecke und Spitzenmedaillon auf dem Tisch: Amerikanisch, bürgerlich, gediegen. Ein Veteranenklub stimmt im Nebenraum seine Lieblingslieder an und

die, wie immer, freundliche Bedienung zählt uns das köstliche Angebot des Tages auf. Wir hören gar nicht richtig zu. Durch BSE vom
Rindfleisch fast entwöhnt, lesen wir gierig die Karte, Abteilung
Steaks: New York Strip, hand cut best choice. Top Sirloin, center cut.
Filet, hand cut. Rib Eye, aged for 28 days. Wir liegen richtig, bestellen
für jeden New Yorker, 12 ounces, die Größe für Männer und runden
den Tag mit einem kräftigen Cabernet Sauvignon ab.

34

Waikoloa, ein Platz zum Genießen

Unser liebster Aufenthaltsort auf Big Island, das Waikoloa Resort, trägt den Namen einer Blüte. Sie stammt von den naupaka-Büschen, die dort überall zu finden sind. Fünf kleine, zartweiße Blütenblätter bilden einen Halbkreis. Fügt ein junges Paar zwei Blüten zu einem vollen Kreis zusammen, dann hält ihre Liebe das ganze Leben. Eine schöne Geschichte.

Für Musestunden hatte ich mir vorsorglich ein passendes Buch eingepackt. Märchen aus der Südsee lautet der Titel, mit Erzählungen von Göttern und Menschen, von Tieren und Dämonen, vom Alltäglichen und von der Liebe. Wir suchen einen Platz im Schatten von Palmen oder einer Plumeria mit Blick auf die Lagune und das Meer. Plumeria, auch als Frangipani bezeichnet, wachsen in Form von Sträuchern und Bäumen, sind fast ganzjährig verschwenderisch mit Blüten übersät und verbreiten einen angenehmen, betörenden Duft. Weiß oder gelb oder rosa berauschen Sie uns in ihrer vollkommenen Pracht.

Plumeria

Weit komme ich nicht mit meiner Lektüre. Die Abwechslung ist zu groß und wenn es die kleinen Vögel sind, die ich mit dem Buch in der Hand beobachte. Einige, die unseren Finken ähnlich sehen, tummeln sich oft im Gras in der Nähe meines Liegestuhls. Sie haben gelbgrünes Gefieder, eine leicht rötliche Stirn und einen braun mit gelb gestreiftem Schwanz. Mit Vorliebe schnäbeln sie an den Samenständen und Blüten der Gräser, um sich gleich darauf auf ein Insekt zu stürzen, das sie erspähen.

Natürlich finden sich auch Spatzen ein, wie überall auf der Welt. Als blinde Passagiere an Bord irgendeines Seelenverkäufers sind sie angelandet. Frech wie Oskar picken sie das Brot vom Frühstückstisch, wenn nicht aufgepasst wird. Neugierig kommen sie auch, um die Finken zu beobachten. Das Geschäft mit den Grassamen ist ihnen vermutlich zu mühselig, denn sie fliegen immer wieder unverrichteter Dinge davon.

Besonders wissen die kleinen schwarzen Vögel, mit weißer Brust, weißem Bauch und weißem Kragen zu imponieren. Ihr Kopf schillert leuchtend rot. Die Männchen tragen ein Häubchen, was ihnen den Namen Kardinal einbrachte.

Wenn die „Südsee-Amseln" auftauchen, dann schwirren alle anderen flink davon. Gemeiner Mynah ist ihre korrekte Bezeichnung, die ich rein zufällig in einer Broschüre finde. Sie sind auf der südlichen Halbkugel weit verbreitet und ähneln auf den ersten Blick unseren Amseln.

Zum Resort gehören zwei Hotels und zwei Golfplätze. Ob in Europa, Amerika, Asien, Afrika oder Australien, ich hatte überall schon meine Schläger geschwungen. Einer meiner Lieblingsplätze aber ist und bleibt der Waikoloa Beach Course. Auf der Score Karte werden für die 18 Loch umgerechnet 6.004 m angegeben. Nicht allzu lang, mag einer denken. Bei einem Rating von Course 71,6 und Slope 134 hat jedoch jeder Spieler, gleich welcher Stärke, schwer zu arbeiten, um sein Handicap zu schaffen. Dies wird nur gelingen, wenn der Ball bei den langen Schlägen auch auf der Bahn landet und die Wellen der Grüns richtig gelesen werden.

Fairway 12 (links) und Loch 13 (rechts)

Bahn 12, ein Par 5 mit 459 m ist eine echte Augenweite und für mich die Krönung. Leicht bergab mit Blick auf den Pazifik ist ein Drive von etwa 230 m gefragt. Der Schlag muss perfekt platziert werden, denn links vom Fairway wiegen sich hohe Palmen, rechts davon zieht sich ein Lavefeld hin. Das Fairway knickt für den zweiten Schlag nach halblinks ab, um sich schließlich nach halbrechts dem auf einer kleinen, erhöhten Landzunge angelegten Stufengrün zuzuwenden, das mit Palmen begrenzt und von schwarzer Lava umgeben ist, die steil zum Wasser abfällt. Für den zweiten Schlag genügt ein mittleres Eisen. Aber Achtung, ein Lavahindernis in der Landezone verlangt auch hier Genauigkeit. Erst einmal dort angekommen, kann das Grün mit einem Wedge leicht erreicht werden.

Das gesamte Areal von Waikoloa wurde Ende der 70-er Anfang der 80-er Jahre als Resort entwickelt. Eine japanische Investorengruppe errichtete für die zur damaligen Zeit sagenhafte Summe von 350 Millionen Dollar einen Hotelkomplex der Superlative, dem sich vergleichsweise unser Hotel mit immerhin 545 Zimmern als bescheiden erweist. Nicht nur das luxuriöse Ambient, sondern das Ausmaß der großen Anlage ist das Augenfällige, das alle Besucher zum Erstaunen führt. Rings um die Waiulua Bay stehen halbmondförmig angeordnet der Ocean Tower in Form von drei ineinander verschlungenen O's, der Palace Tower in Form eines Y und der Lagoon Tower in Form eines großen D, die zusammen 1.240 Betten bereithalten. Eine überdimensionale Lobby mit offener Säulenhalle und Zugang zur Lagune und vier große Ballsäle runden die Anlage ab. Alle Gebäude sind mit einer lautlos fahrenden Elektrobahn und mit einem parallel verlaufenden Kanal verbunden, auf dem Elektroboote ebenso lautlos dahin gleiten und ihre Passagiere befördern. Von einem Ende zum anderen sind es mehr als einen Kilometer.

Die Wirtschaftskrise in Japan brachte auch die Investoren ins Schwanken. Mitte der 90-er berichtete die US-Today, dass die Anlage für nur 90 Millionen Dollar den Besitzer wechselte. Auch die Betreibergesellschaft ist neu und füllt die Betten, wie schon früher geschehen, hauptsächlich mit japanischen Touristen, für die im Untergeschoß der Lobby ein eigener Empfangsbereich mit sprachkundigen Mitarbeitern eingerichtet wurde. Vom Namen abgesehen ist nach außen alles beim Alten geblieben und die Hotelanlage ist nach wie vor sehenswert. Wir besuchen sie bereits zum dritten Mal.

Die zur Lagune hin offene Wandelhalle, die alle Gebäudeteile miteinander verbindet, wurde museumsgleich mit großen Kostbarkeiten bestückt. Sehr beeindruckend ist sicher nicht nur für mich die vielseitige Sammlung polynesischer Exponate, die natürlich das Thema Hawaii einschließt. Ein anderer Teil wurde Asien gewidmet. Hier sind es ungezählte riesige Vasen, die ins Auge fallen, kostbare Stücke aus Jade und Seide, Lackarbeiten und Schnitzereien aus Rosenholz. Im Park und an der Uferpromenade stehen zahlreiche große Statuen, alles Kunstwerke aus leuchtend weißem Marmor wie Buddhas, Geishas, Pferde, den chinesischen Kalender symbolisierende Gestalten und, am nördlichen Ende der Anlage, leicht erhöht vor dem berühmten 12. Grün und direkt neben den Resten der bescheidenen alten hawaiischen Fischersiedlung, ein die Bucht überblickender, großer, sitzender Buddha. Auf der anderen Seite des Parks wurde ein Teil der Lagune in ein Delphinarium umgewandelt, ein Streichelzoo mit Vorführungen, typisch amerikanisch. Eine überdimensionale Poollandschaft schließt sich an, an deren Ende eines der sechs Restaurants am wohl schönsten Punkt des Resorts, direkt auf dem Kap zum Dinner lädt. Der Name Kamuela Provision Company lässt auf Anhieb nicht erkennen, dass hier auch verwöhnte Gaumen zu ihrem Recht kommen. Wir reservieren rechtzeitig einen Tisch auf der Terrasse für unseren letzten Abend auf Big Island. Wir genießen die Stunden und erleben noch einmal einen Sonnenuntergang wie aus dem Bilderbuch mit zuerst goldgelber Färbung, die in ein kräftiges Orange übergeht, um blutrot zu enden.

Maui – Urlaub pur

Der Flughafen Kahului, auf dem wir landen, liegt im Norden der Insel bei der Stadt gleichen Namens, die über einen Hafen verfügt und Wirtschaftszentrum ist. Zwei große, erloschene Vulkane überragen die Insel, der Haleakala und der Puu Kukui. Dazwischen erstreckt sich eine weite Ebene, die Maui die Bezeichnung Talinsel einbrachte. Ringsumher sind große Zuckerrohrplantagen zu sehen und Mitten im wogenden Grün lässt die schon sehr betagte Mühle bei der Verarbeitung der Ernte tagein tagaus schwarzen Rauch zum Himmel aufsteigen.

Maui ist ein Paradies für Badeurlauber und bietet viele interessante Punkte, die wir in guter Erinnerung haben. Die schönsten Strände sind in und um Wailea im Südwesten der Insel und Kaanabali im Nordwesten hinter Lahaina, der ersten Hauptstadt des königlichen Hawaii. Wie auf allen Inseln regnet der Passat auf der Ostseite ab, so auch in Maui. Auf Grund der Nähe zu Lahaina und des noch besseren, das heißt hier noch trockeneren Klimas bevorzugten wir für unsere Aufenthalte stets die Küste im Nordwesten. Wir mieten uns wieder einen Wagen bei Alamo, dieses Mal einen Pontiac GrandAm und versorgen uns mit dem AlamoDriveGuide sowie den Guide Magazines des Touristenbüros, die kostenlos aufliegen und, mit erstklassigen Landkarten ausgestattet, auf allen Inseln zu haben sind. Die Fahrt nach Lahaina dauert etwas mehr als eine halbe Stunde.

Lahaina, vom Walfang zum Müßiggang

Der Mensch ist ein Wiederholungstäter und wir schließen uns mit ein. So ist unser erstes Ziel, wie schon bei unseren früheren Besuchen vor vielen Jahren, das Old Lahaina Café. Wir kamen mit der Mittagsmaschine geflogen und kurz vor zwei Uhr ist es eigentlich noch an der Zeit für einen Lunch.

Die besuchenswerten kleinen Boutiquen und Galerien in der Front Street Nr. 505 haben mittags teilweise geschlossen und das Old Lahaina Café gibt es nicht mehr. Die Besitzerin, eine Hawaiianerin mit großen wachen Augen, die wir gut kannten, war leider inzwischen verstorben, wie die Kellnerin im Restaurant nebenan, dem Pacific'O erzählt.

„Comme in, we offer all you want", ergänzt sie mit einladender Geste.

Im Garten unter den Palmen direkt am Meer ist es zu heiß um diese Uhrzeit. Wir setzen uns deshalb in die offene Pergola und lassen uns mit Sashimi aus rohem Tunfisch und einem Glas Pino blanc verwöhnen. Im Gespräch erinnern wir uns daran, früher einen Abend in diesem Restaurant bei Jazzmusik verbracht zu haben.

„Oh yes", sagt sie auf unsere entsprechende Frage. „Wir bieten jeden Freitag und Samstag am Abend Life Jazz. Bitte vergessen Sie nicht zu reservieren. Wir sind immer ausgebucht". Dabei reicht sie uns die Visitenkarte mit der Telefonnummer.

„Möchten Sie noch einen Kaffee oder Espresso?", lässt sie sich kurz darauf mit fragenden Augen vernehmen.

„Original italienischen Espresso?", gebe ich mit noch größeren und sehr erstaunten Augen fragend zurück.

„Sure, original Lavazza".

Meine Güte, die Amerikaner sind offensichtlich auf den Geschmack gekommen, endlich, endlich. Na ja, immerhin hatte auch hier das neue Jahrtausend begonnen. Als ich mich ganz kühn geworden noch nach einem Grappa erkundige, rückt sie gleich mit drei Flaschen an, vor Jahren noch undenkbar. Wir wählen einen Grappa Prosecco, sehen uns zufrieden an und freuen uns über den gelungenen Auftakt.

Die Sehenswürdigkeiten von Lahaina finden wir in der Front Street wie auf einer Perlenkette aufgereiht. Nichts erinnert mehr daran, dass Lahaina von den ersten Königen des Inselreiches als Regierungssitz auserwählt wurde. Im 19. Jahrhundert war der Ort so etwas wie die Hauptstadt des Walfangs des gesamten pazifischen Raumes. Die Walfänger kamen zusammen mit Missionaren aus den Neu England Staaten, um in den Wintermonaten, wenn die Wale zu Tausenden aus dem Nordpazifik in die wärmeren Gewässer zwischen Big Island und Maui zogen, ihr blutiges Handwerk zu betreiben. Heute sind nur noch die Touristen hinter ihnen her, die zum Whale Watching auf Aussichtsbooten auf das Meer hinausfahren, um die Humpbacks springen zu sehen.

Wir parken an der Ecke Front Street und Prison Street. Das alte Gefängnis steht noch immer. Unser Interesse gilt jedoch der anderen Straßenseite. Auf einem kleinen Platz wurde 1873 ein Banyan Baum gepflanzt, der inzwischen riesengroße Ausmaße einnimmt und mit seinen Kronen und Luftwurzeln, die stützende, neue Stämme bildeten, ein Areal von mehr als 2.000 qm bedeckt. Wir spazieren durch den Schatten dieses Naturwunders, vorbei am alten Gerichtshaus zum Pioneer Inn. Das inzwischen über einhundert Jahre alte Hotel mit Bar, Restaurant, überdachter Terrasse mit großflügeligen Ventilatoren an der Decke, blumengeschmückten und lauschigen Innenhof und grün-weißer Holzfassade hat seinen ansprechenden Charme nicht verloren. Humphrey Bogart und Frank Sinatra grüßen mit weniger bekannten Gästen von den Wänden und leicht vergilbte Fotografien lassen erkennen, dass Lahaina und das Pioneer Inn im wahrsten Sinne des Wortes auch sehr stürmische Zeiten erlebt hatten.

Das gilt auch für die Carthaginian, die an der Pier des Hafens festgezurrt und als schwimmendes Museum vor Anker liegt. Der Zweimastschoner wurde 1920 in Kiel gebaut und stammt aus jenen Tagen, in denen Reisen über den Atlantik, durch den Panamakanal und dann über den Pazifik bis Hawaii noch ein Abenteuer auf Leben und Tod waren. Stolz wird auf einer Tafel verkündet, dass das Schiff mehrfach auch das sturmgepeitschte Kap Horn umrundet habe.

Die schmucken Häuser der Front Street wurden von Pflanzern, Kaufleuten und Bankern vor über hundert Jahren errichtet, mehrfach renoviert und in bunten Farben gestrichen. Sie ziehen mit einer Vielzahl von Geschäften die Touristen magnetisch an. Leider ist die Stadt inzwischen in den Abendstunden völlig überlaufen. Ruhiger geht es im Baldwin Home zu. Das älteste Gebäude von Lahaina erbaute 1834 Reverend Dwight Baldwin, der hier eine Missionsstätte betrieb. Wir gehen hinein und fühlen uns in der angenehmen Atmosphäre dieses historischen Gebäudes in die alte, noch geruhsamere Zeit zurückversetzt.

Einige Häuser weiter, gegenüber dem Wahlfängermuseum, steht der Wo Hing Tempel. Dieser und die Lahaina Jodo Mission erinnern daran, dass fleißige chinesische und japanische Hände in der Landwirtschaft und beim Bau von Straßen, Brücken, Häusern und der Eisenbahn beteiligt waren, mit der das Zuckerrohr zu den Mühlen gefahren wurde. Für den Besuch der Jodo Mission nehmen wir uns viel Zeit. Die Buddha Statue auf dem Gelände ist die größte ihrer Art außerhalb Japans, wie auf einer Tafel zu lesen steht. Der meditierende Buddha wurde in der alten Kaiserstadt Kyoto in Japan aus Kupfer und Bronze gefertigt und in Lahaina komplettiert. Der buddhistische Tempel, die Pagode und der Glockenturm sind in allen Details ganz in japanischer Tradition gefertigt. Jeden Abend um acht Uhr ist der Klang der Glocke zu hören. Insgesamt wird sie elf Mal geschlagen. Die ersten drei Schläge symbolisieren die Hinwendung zu Buddha, seiner Lehre und zur Bruderschaft der Mönche. Die dann folgenden acht Glockenschläge erklingen für den zu den edlen und erstrebenswerten Wahrheiten führenden achtgliedrigen Pfad. Unsere Gedanken wandern nach Thailand und Sri Lanka und in andere Länder Asiens, wo wir viele buddhistische Tempel besuchten und oft die Mönche für geraume Zeit bei ihren Gebeten begleiteten.

Humuhumu-nukunuku-a-pua'a, auf Tauchgang

In Kaanapali sind am gleichnamigen Strand neun große Hotelanlagen auf etwa fünf Kilometer verteilt. Wir suchen uns diesmal das ruhigste Resort und quartieren uns in einem Apartment in den Maui Kaanapali Villas ein. Vom Hayatt bis zum Black Rock führt eine schmale Strandpromenade, auf der wir unter Palmen und durch blühende Gärten ausgedehnte Spaziergänge unternehmen. Gleich neben dem Whaler's Village, einem Zentrum mit Geschäften und Restaurants, riss der letzte Hurrikan einen Teil der Uferböschung ins Meer, das jetzt den Fußweg und einige Hotelanlagen bedroht. Mit tausenden von Sandsäcken wird versucht, das Schlimmste zu verhindern.

Der Sandstrand fällt verhältnismäßig steil zum Meer ab und nach zwei bis drei Schritten kann man nicht mehr stehen. Rings um das Felskap des Black Rock haben Taucher und Schnorchler ihre wahre Freude. Auch wir brachten unsere Ausrüstung mit, die wir bei einer unserer letzten Reisen bei Snorkel Bob's erstanden, einem fachkundigen Ausrüster für alle Abenteuer unter der Meeresoberfläche.

Die aus unserer Sicht besten Gebiete befinden sich einige Kilometer weiter nördlich kurz vor dem Ende der Sonnenküste in der Napili Bay und der Kapalua Bay. Vom HW 30 zweigt die Napilihau Street ab. Der jeweilige Beach Access, der Zugang zum Strand, ist nicht ausgeschildert, aber nach einigem Suchen doch zu finden. Beide Buchten sind wie geschaffen für Ansichtskarten und bunte Reiseprospekte. Einige Privathäuser und kleinere Hotels stehen unter sich ständig im Wind wiegenden Palmen. Das Wasser ist wie überall auf den Inseln des Archipels kristallklar und an den die beiden direkt nebeneinander liegenden Buchten begrenzenden Riffs und den dazwischen angesiedelten Korallenbänken wimmelt alles, was der Pazifik zu bieten hat.

Wir sehen Butterflyfische, gelb gepunktet, gelb mit braun oder weiß mit schwarz gestreifte, blau gestreifte Snapper, schwarze Durgons, winzige Tang, türkisblaue Trevally, Skalare mit langen, feinen Flossenenden auf dem Rücken, am Bauch und am Schwanz, fast durchsichtige lange Nadelfische und den besonders lustig anzusehenden Triggerfisch, dessen Augen sich sehr weit oben am Kopf befinden und der, mit einem von den Augen bis zum Schwanz reichenden diagonalen schwarzen Streifen gekennzeichnet, nicht zu übersehen ist. Die Hawaiianer gaben ihm den Namen humuhumu-nukunuku-a-pua'a. Wer lernt, dieses Wort langsam aber richtig auszusprechen, jeden Buchstaben und auch jedes a für sich, der hat mit dem Hawaiischen bald keine Probleme mehr.

Wir trinken nach dem Schnorcheln eine Tasse Kaffee auf einer Terrasse am Riff, als ein großer schwarzer Schatten, ein Manta, direkt vor uns vorbei gleitet. Kurz vor dem Strand bleibt er stehen, nur noch mit dem äußersten Flossensaum fächernd, um seine Position zu halten. Nach dreißig, vierzig Sekunden dreht er auf der Stelle und verschwindet so schnell, wie er gekommen war.

Dunkle Regenwolken waren inzwischen aufgezogen.

„No rain, no rainbow" sagt der Kellner lachend und legt die Rechnung auf den Tisch.

Der Passat drückt das Unwetter mit großer Geschwindigkeit über die Berge und ein gewaltiger Regen ergießt sich auf den sonst so sonnigen Küstenabschnitt. Nach nur wenigen Minuten ist alles vorbei. Die Sonne lacht wieder und formt über den Palmen der Bucht einen schönen Regenbogen, während die immer noch regnende schwarze Wolke über dem Meer verschwindet.

„No rain, no rainbow", lasse ich mich nun vernehmen und stecke dem Kellner einen ordentlichen Tip zu.

„Waren Sie schon am Molokini Riff?", will er mit Blick auf unsere Ausrüstung wissen. „Das ist der beste Platz zum Schnorcheln überhaupt. Die Boote fahren täglich vom Ma'alaea Hafen. Sie sollten diesen Trip nicht versäumen." Wir bedanken uns und beschließen sogleich, am folgenden Tag auf Tour zu gehen.

Wer den ultimativen Schnorchelkick sucht, muss früh aufstehen. Der Ma'alaea Hafen liegt in der gleichnamigen Bay, etwa dreißig Minuten von unserm Quartier entfernt. Die Boote fahren um acht Uhr und das Einchecken beginnt schon eine halbe Stunde vorher. Schoner, Katamarane und Motoryachten warten auf ihre Gäste. Wir entscheiden uns für einen Katamaran, der etwa 25 Personen Platz bietet.

Segel werden gesetzt, der Wind steht gut. Für die Überfahrt von 8 Meilen brauchen wir knapp eineinhalb Stunden.

Begleitet werden wir von einem Schwarm von Delfinen, die sichtlich Spaß daran haben, uns rechts oder links zu überholen, unter uns hindurch zu tauchen oder auch zwischen den beiden Kufen des Katamarans mit gleicher Geschwindigkeit einher zu schwimmen.

Das Molokini Riff wird von einem halbkreisförmig aus dem Meer ragenden Rand eines erloschenen kleinen Vulkankraters gebildet. Von allen Seiten kommen Schiffe herbei, die im Schutz dieser natürlichen Bucht ankern. Für die weniger Mutigen und nicht so Geübten werden Schwimmgürtel verteilt und Mini-Boards, auf die man sich legen kann. Tauchermasken, Schnorchel und Flossen stehen ebenfalls in großer Zahl für diejenigen zur Verfügung, die keine eigene Gerätschaft mitbrachten.

„Wer ist kurzsichtig oder weitsichtig?", ruft der Bootsführer. In der Tat, er hält auch Taucherbrillen mit optischen Gläsern bereit. Ich wusste bis dahin nicht, dass so etwas überhaupt hergestellt wird. Dann gibt er uns ausführliche Sicherheitsinstruktionen, ruft uns ein besonders lautes „Pay attention!" zu und sagt mit eindringlich mahnender Stimme: „Schwimmen Sie auf keinen Fall über den Rand des Atolls hinaus. Wir müssten Sie sonst von Tahiti wieder zurückholen". Zwei rechts und links des Halbmondes postierte Rettungsboote in leuchtend roter Farbe und für alle gut sichtbar unterstreichen seine Worte. „Die Strömung jenseits des Kraters ist so stark, dass auch der beste Schwimmer nicht dagegen ankommt."

Wir glauben ihm und gleiten, ohne verunsichert zu sein, nacheinander ins Wasser. Unsere Erwartungen werden weit übertroffen. Der Reichtum an Fischen, Seesternen, Muscheln, Krebsen und sonstigen Lebewesen und die vielfältige Farbenpracht der Korallen und Anemonen überzeugt uns und auch diejenigen, die schon andere Unterwasserwelten auf dieser schönen Erde vorher besucht hatten. Lange gleiten wir schnorchelnd über die Oberfläche, tauchen oft, um dem Zauber noch näher zu kommen und können uns kaum satt sehen.

Nach einer guten Stunde voller Eindrücke gehen wir wieder an Bord. Für die Rückfahrt gegen den Wind werden die beiden Dieselmotoren angeworfen, welche die Kraft des straff gezogenen Segels unterstützen. Hungrig und durstig geworden freuen wir uns auf den BBQ Lunch vom Bordgrill und schlürfen eine erfrischende Cola.

Unsere Blicke gehen hinüber zum Palmenstrand von Wailea und zu den grünen Hängen des mächtigen Haleakala, als der Bootsführer, ein kräftiger Hawaiianer von stattlicher Größe, die Motoren drosselt und schließlich ausschaltet. „Sea Turtels!" ruft er uns zu, „Sea Turtels!" und zeigt mit seiner Hand auf der Steuerbordseite schräg voraus. Um diese Jahreszeit kämen sie täglich in die Ma'alaea Bay, lässt er uns wissen. Und dann können auch wir sie sehen. Große Meeresschildkröten tummeln sich vor uns im blauen Pazifik. Wir gleiten lautlos, nur noch vom Wind getrieben an ihnen vorbei zum Eingang des Hafens.

Iao Valley und Haleakala, vom Wasser zum Wein

Wir fahren wieder auf dem Highway 30 in Richtung Süden. Von verschiedenen Aussichtspunkten können wir die Nachbarinseln sehen, Lanai direkt gegenüber, Molokai nördlich und Kahoolave südlich davon. An der Kreuzung nach der Ma'alaea Bay bleiben wir auf der 30, die sich jetzt nach Westen wendet und fahren in Richtung Wailuku, vorbei an den mit Sandalwood bewachsenen Hängen des erloschenen Vulkans Puu Kukui, durch Ananasfelder und ausgedehnte Plantagen mit Zuckerrohr. Wailuku ist Sitz der Bezirksregierung.

An der von einem Park umgebenen Kaahumanu Church aus dem Jahre 1876 biegen wir links ab und halten wenige Meter später am Bailey House Museum. Gegründet wurde die Mission 1833 von Reverend Johnathan Green, fortgeführt und erweitert von Rev. Edward Bailey. Die ausgestellte reiche Sammlung an Gegenständen des täglichen Lebens vermittelt uns einen tiefen Einblick in die Tradition und Kultur des alten Hawaii, aber auch von der Zeit der ersten Missionare und Siedler. Im Garten besichtigen wir ein aus einem Koa-Stamm von Hand geschlagenes Auslegerkanu und ein Surfbrett aus Redwood, das von dem legendären Kahanamoku, dem Surfer aller Surfer 'geritten' wurde, der uns auf der Insel Oahu noch einmal begegnen wird.

Das Bailey House steht am Eingang zum Iao Valley. Wir fahren durch tropische Dschungel, vorbei an gefalteten Bergrücken, die dem Balg einer Ziehharmonika gleichen und folgen dem Lauf des Iao River aufwärts. Ein angenehm kühler Wind empfängt uns am Eingang zum Iao Valley State Park. Von hier aus müssen wir zu Fuß gehen. Über schmale Pfade gelangen wir, vorbei an vor langer Zeit kultivierten und an die schroff abfallenden Berghänge geschmiegten Feldern, schließlich zur Iao Needle. Das Glück steht uns zur Seite. Die 366 m steil aufragende und bis zur Spitze mit Pflanzen überwucherte Felsnase leuchtet uns bei Sonnenschein in frischem Grün entgegen. Die Pracht ist nicht von langer Dauer. Jährlich werden in diesem Tal elf Meter Niederschlag gemessen und so holt auch uns der Regen ein. Auf dem Rückweg müssen wir an Kamehameha I. denken. Bei seinen

Eroberungszügen besiegte er die Stämme von Maui hier im Iao Valley. Durch ihren Rückzug in dieses Tal hatten sie sich damals in eine ausweglose Situation gebracht und Kamehameha I. konnte zum entscheidenden Schlag ausholen.

Wir setzen unsere Erkundungsfahrt fort, fahren über Wailuku hinunter nach Kahului und biegen gleich hinter dem Flughafen vom Highway 36 nach rechts auf den Highway 37, den Haleakala Highway, ab. Die Straße führt von hier an nur noch bergauf, zuerst durch Zuckerrohrplantagen, dann durch üppiges Weideland. Auf den Koppeln stehen Kühe und Pferde, um die sich die Paniolos kümmern, wie die seinerzeit aus den spanisch sprechenden Ländern Südamerikas eingewanderten Cowboys und Feldarbeiter genannt werden.

Hinter dem bereits im Upcountry liegenden Orten Pukalani und Makawao steigt der Haleakala Highway noch steiler an. Als wir den Mile Marker 6 erreichen, drängen die ersten dunklen Wolkenfelder über den Kamm des Haleakala. Wir lassen uns jedoch nicht beirren und biegen auf die Crater Road ein. Serpentine folgt von nun an auf Serpentine. Wir schaffen den Weg noch bis zum Mile Marker 10, direkt am Eingang zum Haleakala National Park, dann verfinstert sich der Himmel und der Regen trifft uns mit voller Wucht.

„Das Gewitter wird wohl einige Stunden anhalten", meint der Ranger und seiner Miene ist zu entnehmen, dass auch ihm das Wetter keinen Spaß macht. Nur noch 14 km trennen uns von der mit 3.055 m höchsten Stelle des Berges und dem unvorstellbare 49 qkm großen und über 900 m tiefen Krater des ruhenden Riesen. Leider müssen wir umkehren, ohne einen Blick in diesen tiefen Schlund werfen zu können und auch ohne die Silversword Pflanze, die nur hier oben wächst, zu Gesicht bekommen zu haben. Der Halbgott Maui hatte einst die Sonne auf dem Haleakala festgezurrt, um dem Archipel ihre wärmenden Strahlen möglichst lange zu erhalten. Doch an diesem Tag ist von alldem nichts zu spüren.

Wir fahren die Serpentinen langsam wieder zurück bis zum Mile Marker 6 und biegen links nach Süden ab in Richtung Highway 37, der sich in etwa 1.000 m Höhe an den Hängen des Haleakala entlang windet. Gärtnereien, eine Blumenfarm und private Parkanlagen tauchen rechts und links der Straße auf. Ein Wald mit Redwood zieht unsere besondere Aufmerksamkeit an. Wir kennen diese Bäume von den Küsten im nördlichen Kalifornien und dem Sequoia National Park in der Sierra Nevada, hätten sie auf Maui allerdings nicht vermutet. Die Sonne begleitet uns wieder, als wir eine Überraschung der besonderen Art erleben.

Oberhalb und unterhalb der Straße entdecken wir Weinberge und einen Wegweiser zur Tedeschi Winery.

Weingut auf Maui

Das Hauptgebäude und die Probierstube, beide aus Naturstein und im englischen Landhausstil errichtet, stehen im Schatten der Parkbäume und vermitteln eher den Eindruck eines ehemaligen Herrensitzes als eines Gefängnisses, das hier vor Jahren untergebracht war.

Der Blick vom Garten über die Weinberge hinüber zu den von der Sonne in rosa und pink getauchten Bergen im Westen von Maui und hinunter über die sattgrünen Hänge zur Küste von Wailea fasziniert uns. Im äußersten Süden können wir sogar die Buchten von Makena und Ahihi ausmachen, deren Unterwasserwelt wir bereits auf früheren Reisen schnorchelnd und tauchend erkundeten. Einige Meilen draußen auf offener See wirft der Halbmondkrater von Molokini, am Nachmittag von den Booten verlassen, lange Schatten über die See.

Der Bergsattel, auf dem das Weingut steht, heißt Ulupalakua. Die Künstlerin Betty Hay Freedland hatte in einem Gemälde gleichen Namens die Stimmung dieser zauberhaften Landschaft in frischen, frühlingshaften Farben eingefangen. Das Bild, das in den Räumen des Gutshofes hängt, ziert die Etiketten und Weinflaschen.

Wir kaufen eine Flasche Rosé, Maui Blush, Pacific Table Wine, ohne Jahrgang, nachdem wir vorher sowohl den Roten als auch den Rosé verkostet hatten. Der Wein zeichnet sich durch ein feinfruchtiges Bouquet und eine leichte Frische aus. Kein Muss zum Trinken, aber ein absolutes Muss als Erinnerungsstück.

Wir bleiben nur kurz und gehen noch einmal in den Garten und genießen lange die schöne Landschaft und die seidige Luft des Upcountry, des Oberlandes von Maui.

Zwei Stunden Fahrt liegen vor uns. Wir brechen auf und erreichen Lahaina noch vor Einbruch der Dunkelheit.

Bei Kimo's, einem Fischrestaurant, verfolgen wir, in Gedanken an den heutigen Tag und die Pläne für morgen versunken, das Schauspiel des Sonnenuntergangs und machen uns, nachdem das Mittagessen ausgefallen war, hungrig über den bestellten Catch of the Day her. Gleich nach dem Essen verlassen wir wieder das Lokal.

„Thank you. Have a great night", ruft uns der junge Kellner mit strahlendem Gesicht zu. Wie er das wohl meinte? Und bevor wir weiter nachdenken können, ergänzt er beim Weggehen:

„And take care". Na ja, in seinem Alter o. k., in unserem hat man die Sache doch im Griff.

Wie jeden Abend liegt auch heute wieder ein Gute-Nacht-Gruß auf dem kleinen Tischchen im Zimmer unseres Hotels, für jeden ein Stück Schokolade in Form eines Golddollars und eine Karte. Meine Augen gleiten über den Text, den ich übersetze und Irene laut vorlese:

Ich erfreute mich allen Glückes dieser Welt.
Ich habe gelebt und geliebt.
Friedrich Schiller, Deutscher Dichter

Moe'olu'olu – Angenehme Träume

Was für ein schöner Ausklang dieses an Abwechslung reichen Tages.

Highway to Heaven, bei den ‚echten‘ Hawaiianern

Die Straße nach Hana wird in allen Führern, Büchern und Broschüren überschwänglich beschrieben und jedermann ans Herz gelegt. Wir planten die Fahrt für unseren letzten Tag auf der Insel Maui ein und, um es vorweg zu sagen, diese Route wird nicht umsonst der Highway to Heaven genannt.

Die erste Etappe kennen wir bereits vom Ankunftstag. Wir fahren bis zum Flughafen und wechseln dort an der letzten Ampel auf den Highway 36, den Hana Highway. Nach einigen Meilen erreichen wir Pa'ia, die Hochburg der Surfer, was nicht zu übersehen ist. Überall Surfbretter, auf dem Autodach festgezurrt, aus dem offenen Kofferraum herausragend, lässig unterm Arm geklemmt oder vor den Spezialgeschäften aufgestellt. Vor Jahren tummelte sich hier auch ein aus der ganzen Welt zusammengewürfeltes, buntes Aussteigervölkchen. Nur einige Unverbesserliche blieben übrig.

Mehrere Boutiquen und Galerien locken mit ihren Schaufenstern. Wir nehmen uns Zeit für einen Bummel. Aus dem Geschäft mit alten Postern, Fotografien, Postkarten, Aquarellen und hawaiischer Kleinkunst kommen wir erst wieder heraus, nachdem wir das Repro eines Werbeplakats der 40-er Jahre erstanden haben. Das Bild fesselt mich. Der Gegensatz von einem sanft lächelnden, hawaiischen Mädchen, das einen Lei um den Hals und eine Hibiskusblüte im Haar trägt, und einem grimmig dreinschauenden Tiki bilden eine meine Aufmerksamkeit fesselnde Komposition. Das Rosarot der Farbe verrät die Handschrift eines in Hollywood erprobten Künstlers.

„Sie ist nicht verheiratet“, stellt Irene fest, und ergänzt, als ich sie fragend ansehe: „Sie steckte die Blume rechts ins Haar.“

Ich schaue zweimal auf die Uhr, aber es ist wirklich noch zu früh an der Zeit für ein Bier auf der anderen Straßenseite im Sand's, dem Inplace von Pa'ia. Also rein in den GrandAm, raus aus dem Ort und stopp nach wenigen Kilometern am Ho'okipa Beach Park.

Hier im Norden der Insel herrschen ideale Bedingungen für die Surfer. Der gleichmäßige und starke Passat türmt die See hoch auf, die Wellen rollen in breiter Front heran, schwanken zwischen drei und fünf Meter, erreichen im Dezember bis zu acht, neun, zehn Meter, brechen anfangs langsam, dann immer schneller und bilden die Pipe, eine Röhre, die nur von den Besten befahren wird, was diesen den absoluten Kick verleiht. Hier wird jährlich der Worldcup für Surfer, Windsurfer und Kitesurfer ausgetragen. Die Windsurfer erreichen mit ihren bunten Segeln und Schirmen hohe Geschwindigkeiten, lassen sich von den Wellen in die Luft katapultieren und schlagen Loopings und andere Figuren. Die Surfer paddeln mit ihren Brettern weit hinaus, warten geduldig auf die richtige Welle, um sich unvermittelt aufzurichten, mit akrobatischen Bewegungen in ihrem Element wechselnd abwärts und aufwärts zu reiten, Figuren bildend über den Kamm zu springen oder halb versteckt in der Röhre vor der tosend sich weiter brechenden Welle einher zu fahren, immer mit der Angst im Nacken, von dem Tonnen schweren Gewicht des Wassers erschlagen zu werden. Gekonnt auslaufen oder rechtzeitig abspringen heißt die Devise.

Wir mischen uns unter das bunte Völkchen am Ufer. Hier finden sich die wahren Surfer ein, die Enthusiasten schlechthin. Schwer zu unterscheiden unter ihnen sind die Aussteigertypen und besessenen Dauersurfern, welche sich tagaus, tagein mit fanatischem Eifer in die Fluten stürzen, von jenen wagemutigen Könnern, die sich nach getaner Arbeit oder für ein paar Urlaubstage hier hinaus wagen. Das klare Meer glitzert. Unsere Haare flattern in der steifen Brise. Einige albern im seichten Wasser, junge Männer als auch Frauen, und beobachten dabei die Brandung und die Kunststücke der Surfer. Andere halten sich mit ihren Brettern weiter draußen auf und halten Ausschau nach der einen, der perfekten großen Welle. Einmal eine „giant" zu reiten, eine jener gigantischen Wellen, wie sie nur hier vorkommen, ist das Ziel der rastlosen Arbeit.

Irene reicht mir eine Banane. Wir trinken eine Cola dazu und machen uns auf den Weg nach Hana. Eine echte Herausforderung liegt vor uns. Noch 40 bis 50 Meilen, also 65 bis 80 km, je nach dem, wie weit wir uns vorwagen wollen und eine sehr schmale Straße mit 617 Kurven und 56 nur einspurig befahrbaren Brücken sind einmal hin und einmal zurück zu verkraften. Zuerst geht es einige Zeit landeinwärts und bergauf und kurz nach dem Abzweig des HW 365 wurde die Straßenbezeichnung in HW 360 umgeändert. Von diesem Punkt an begleitet uns das Hinweisschild: Speed Limt 15 MPH und viel schneller kann man wirklich nicht mehr fahren. Hinter den Twin Falls, an denen wir noch keinen Halt einlegen, durchfuhren wir einen Bambuswald und biegen etwas später zur Kaulanapueo Church ein. Wir blicken auf ein vom Sonnenlicht überflutetes Plateau, in dessen Mitte auf einer leichten Anhöhe eine kleine Holzkirche steht. Sie wurde schon 1853 gebaut und befindet sich noch in gutem Zustand. Und die Aussicht auf die Küste und den Pazifik, die wir wie früher die Missionare und Siedler genießen, ist vortrefflich.

Wir setzen unseren Weg fort. Die Straße wird immer enger und die Kurven häufen sich ebenso wie die Zahl der Brücken. Die Hänge rechts und links sind steil, vom tropischen Urwald dicht überwuchert, und immer wieder überqueren wir herabstürzende Wasser. Ab und an gibt der Regenwald den Blick auf Buchten und die Küste frei. Am Waikamoi Ridge Trail und am Kaumahina Park halten wir an, machen kurze Rundgänge auf den beschilderten Pfaden und bewundern die einheimischen Ohi'a und Koa, die wir schon von Big Island kennen, als auch die Kukui und Farne, die zusammen mit anderen Bäumen einen dichten Urwald bilden, in welchem Orchideen und uns fremde Pflanzen blühen. Die Luft ist feucht, aber nicht unangenehm und der Duft des Regenwaldes wird für uns zu einer besonderen Erfahrung. Angst brauchen wir hier nicht zu haben. Auf den Inseln von Hawaii leben keine gefährlichen Tiere, auch keine giftigen Schlangen und Spinnen. Lediglich den Ureinwohnern ausgebüchste und verwilderte Schweine treiben ab und an ihr Unwesen und durchpflügen den Boden und das Unterholz.

Am Ke'anae Point kann man zu einer kleinen Kirche auf einer Landzunge hinunter fahren, oder bergauf einen Aussichtspunkt erreichen, worauf wir aus Zeitgründen verzichteten. Dafür halten wir wenige Minuten später bei der kleinen Ansiedlung Wailua. Wir besichtigen die St. Gabriels Church und spazieren einen Weg quer durch die Koppeln und Tarofelder bis zur gleichnamigen Bucht. Hier, in Wailua mit seinen fünf Häuschen, in Hana und auch an anderen Plätzen der

Hana Coast leben noch einige Nachfahren der hawaiischen Ureinwohner. Wir haben den einen oder anderen Kontakt, grüßen beim Vorbeigehen die Leute im Garten, kaufen Früchte und Cola an dem Stand mit dem Schild „Half Way to Hana" und wechseln auch ein paar Worte der Höflichkeit. Die uns brennend interessierende Frage, wer denn wohl ein echter Hawaiianer sei, verkneifen wir uns natürlich. Wir lesen in den Gesichtern und versuchen die Antwort zu erahnen, belassen es bei einem freundlichen Lächeln und Aloha und machen uns wieder auf den Weg.

Im weiteren Verlauf der Straße folgen die Waikani Falls, die Kopiliula Falls und andere Wasserfälle, alle mit dem warnenden und uns belustigenden Hinweisschild „Do not swim" ausgestattet. Wer stürzt sich schon freiwillig einen Wasserfall hinab?

Den Puaakaa State Park und die Siedlung Nahiku passieren wir, ebenso den Pilanihale Heiau, den größten Tempel der Insel, der dem Kriegsgott Ku geweiht war. Dafür stoppen wir kurz am rau und wild anmutenden Wai'anapanapa State Park und bewunderten die vom anstürmenden Pazifik in die Klippen geschlagenen Höhlen und den Black Beach mit seinen feinkörnig wie Sand zermahlten Lavastränden.

An Hana selbst ist nur der Umstand interessant, dass hier die Lieblingsfrau von King Kamehameha I. geboren wurde. Wir fahren deshalb nach einem kurzen Imbiss weiter bis zum Haleakala National Park, der ganz im Süden von Maui bis hinunter zum Pazifik reicht. Die von den Bergen stürzenden Wasser bilden den Ohe'o Gulch, das sind mehrere, in einem Tal tief eingeschnittene Schluchten mit Wasserfälle und mehreren Becken hintereinander.

Nach einer kurzen Runde durch diese exotische Landschaft auf dem wie immer gut ausgeschilderten Trail fahren wir die letzten Meter bis zum äußersten Ende des Hana Highway, bis nach Kipahulu. Charles A. Lindbergh verbrachte hier die letzten Tage seines Lebens. Mit dem ersten Transatlantikflug 1927 schrieb er Geschichte. Er starb 1974 in Maui. Warum gerade hier? Trieb ihn die Entführung seines Sohnes in die Einsamkeit? War es die Krankheit, die er in sich trug? Oder war es die Flucht des Luftpioniers vor seinem Doppelleben und seinen sieben in Europa gezeugten unehelichen Kindern? Seinem Wunsch ent sprechend fand er seine letzte Ruhestätte im Schatten einer Plumeria auf dem kleinen Friedhof der 1857 in Kipahulu erbauten Kirche. Die Inschrift der Grabplatte verfasste er selbst. Wir lesen sie laut: „If I take the wings of the morning, and dwell in the uttermost parts of the sea, … CAL." Der betörend süßliche Duft der Plumeria erinnert uns daran, dass vor uns schon andere ihr Paradies auf den Inseln von Hawaii suchten.

Nach einem ausgiebigen Spaziergang und einem letzten Blick auf den Pazifik und die Insel Big Island, die in der Nachmittagssonne jenseits des Kanals vor uns liegt, treten wir die Rückfahrt an. In Pa'ia, das wir nach 90 Minuten erreichen, legen wir eine Pause ein und trinken im Sand's ein frisch gezapftes Bier. Das tut richtig gut nach einem so anstrengenden und ereignisreichen Tag. Der Gitarrist und Sänger, ein immer zu Späßen aufgelegter, bärtiger Bursche, will wissen, woher wir kommen. Als Surfer werden wir offensichtlich nicht eingestuft. Als ich antworte und quer durchs Lokal „From good old Germany" rufe, bricht die Meute in lautes Gejohle aus und klatscht uns freundlich zu. Beim Hinausgehen winken wir jovial zurück.

Unseren letzten Abend auf Maui verbringen wir in Lahaina im Pioneer Inn. Live Musik wird geboten. Ein Hawaiianer spielt Gitarre und singt. Er beherrscht alle Register. Mit seiner warmen und sonoren Stimme erzeugt er für seine singend vorgetragenen Geschichten eine intime und die Zuhörer fesselnde Atmosphäre, um gleich darauf bei einem schnelleren Stück durch akzentuierte Rhythmik und mitreisende Dynamik zu begeistern. An ihm scheint alles echt zu sein. Mit seiner stattlichen Größe überragt er alle und seine gewaltige Körperfülle hindert ihn nicht daran, zwischendurch behände aufzuspringen und gestenreich seinen Vortrag zu unterstreichen.

Eine Kette mit dicken schwarzen Nüssen des Kukui trägt er als Zeichen seiner Würde um den Hals. Die schwarzen Haare auf seinem großen, runden Kopf band er zu einem langen Pferdeschwanz zusammen. Und trotz der dicken Wülste über den Augen und der buschigen Brauen zeigt sein Gesicht stets ein sanftes Lächeln.

Als ich ihn bitte, alte Lieder, original hawaiische Musik, anzustimmen, ist er ganz aus dem Häuschen. Ich gebe ihm ein fürstliches Trinkgeld und wünsche uns zum Abschluss den „Hukilau".

„Woher kennen Sie dieses Lied und woher kommen Sie", will er wissen.

Ich sage es ihm und dass wir jetzt zum fünften Mal auf den Inseln sind.

Ja und er sei ein echter Hawaiianer, erwidert er mit Stolz.

Dann herrscht er die Gäste mit einem lauten „Ladies and Gentlemen" um Ruhe an, stellt uns als alte Freunde von Maui und den anderen Inseln und Kenner der „ancient songs of hawai'i" vor und spielt mit sichtlicher Begeisterung für uns den Hukilau.

Oahu – Hauptstadt unter Palmen

Sechs, fünf, vier, drei Tage. So lautet unser Zeitplan für das Insel-Hopping bei dieser Reise. Insgesamt sieben Tage liegen also noch vor uns, was nicht heißen soll, dass Oahu und Kauai weniger zu bieten hätten. Ganz im Gegenteil, Kauai kommt zu kurz. Sollten wir tatsächlich noch einmal den weiten Weg antreten und 16.464 Flugmeilen zurücklegen wollen, dann werden wir mindesten fünf bis sechs Tage oder noch mehr nur für Kauai vorsehen. Warum? Darüber wird noch zu berichten sein.

Trauzeuge am Strand von Honolulu

Der Honolulu International Airport ist mit seinen vier Terminals die Drehscheibe für den Tourismus auf den Inseln von Hawaii und im nordpazifischen Raum. Vor Jahren kamen alle Besucher hier an, so auch wir bei unserem ersten Trip 1992, bis endlich die Start- und Landebahnen in Kona und Kahului für größere Maschinen und Direktflüge ausgebaut wurden. Dieses Mal landen wir am Vormittag im Inter-Island Terminal mit der Hawaiian Air, die gemeinsam mit der Aloha stündlich zwischen den Inseln pendelt. An Bord befanden sich viele Hawaiianer, die vermutlich geschäftlich unterwegs sind oder in kurzen Hosen und mit Sonnenbrillen ausgerüstet ihre Familien besuchen. Unsere Fahrtstrecken auf Oahu sind wesentlich kürzer als auf den beiden anderen Inseln. Wir mieten deshalb einen kleineren Wagen, einen Berlinetta, in knallrot.

Im Staat Hawaii leben etwas mehr als 1 Million Menschen, davon 80 % allein auf Oahu und die meisten hiervon in Honolulu, der Hauptstadt. Mit den aus aller Welt anreisenden, mehreren Millionen Urlaubern verhält es sich ähnlich. Sie verbringen ihren Aufenthalt im Schwerpunkt in Honolulu und tummeln sich, wie von einem Magneten angezogen, am Strand von Waikiki. Bei uns führen die Großstadt mit ihren vielen Bewohnern und Besuchern, die übervollen Straßen und die Hochhaussilhouette der Stadt erneut zu einem unguten und zwiespältigen Gefühl, wenngleich wir der Stadt eine große Anziehungskraft und einen gewissen Charme attestieren müssen.

Wir haben vier Nächte im Outrigger Reef gebucht, dem einzigen Hotel im Rahmen unseres Budgets direkt am Strand. Der Portier, ein kleiner aber kräftiger Mann, will natürlich wissen, woher wir kommen. Wir sagen es ihm.

„Ich bin auch Deutscher", ruft er uns freudestrahlend zu, um sich gleich darauf zu verbessern: „Na ja, ich wanderte vor dreißig Jahren aus und habe inzwischen die amerikanische Staatsangehörigkeit angenommen. Aber von der Heimat komme ich wohl nie ganz los." Er kümmert sich um unseren Wagen. „Gut, dass Sie einen Compact Car fahren. Ich gebe Ihnen Platz 1, gleich hinter der Schranke. Da brauchen Sie nicht groß zu rangieren."

Der Blick vom Balkon unseres Zimmers in der 12. Etage gleicht wieder einmal der Titelseite eines Bilderbuches. Vor uns liegen der breite und lange weiße Strand von Waikiki, der bonbonrosa Palast des filmreifen Royal Hawaiian Hotel, sich im Wind wiegende Palmen vor der Stadtkulisse und, ganz am Ende der Bergkette, der unverwechselbare Diamond Head. Die Wellen werden hier im Allgemeinen nur etwa zwei Meter hoch. Dafür rollen sie auf einer Breite von mehreren hundert Metern heran und halten sehr, sehr lange, bevor sie brechen, was ganze Heerscharen von Surfern anlockt.

Wir fahren mit dem Aufzug hinunter und brechen zu einem ausgiebigen Spaziergang am Strand auf. Am Denkmal des Meistersurfers Kahanamoku legen wir eine Pause ein. Bei den Olympischen Spielen 1912 errang er eine Goldmedaille in einem Schwimmwettbewerb. Bei der mit zahllosen Leis geschmückten Statue stehen mehrere Surfer in Gruppen beim Austausch von Erfahrungen. Ihr großes Vorbild inspiriert sie offensichtlich. Das Brett, hier aus Bronze, ist, wie auch jenes alte Original in der Mission auf Maui, überlang, vielleicht drei Meter. Damit könnten er und seine Freunde nicht fahren, gibt mir einer der Surfer, den ich darauf anspreche, zu verstehen. Heute sind die Bretter aus Kunststoff, nur etwa sechs bis sieben Fuß lang und damit leichter und wendiger, erklärt er.

Auf dem Rückweg wird mir noch eine besondere Ehre zuteil. In Asien, vor allem in China und in Japan wurde ich oft gebeten, mich gemeinsam mit anderen fotografieren zu lassen. Ob dies an meinen blauen Augen liegt, oder woran sonst, kann ich nicht sagen. Dieses Mal spricht mich eine junge Braut an, am Strand vor der Brandung, mit bittenden Händen und leichtem Nicken des Kopfes, in ein langes, weißes Hochzeitskleid mit bunten Volants an Saum und Ärmeln gehüllt, mit einem aus Perlen geflochtenen Krönchen im Haar, eine Japanerin. Der sehr hübsch anzusehenden Person kann ich nicht nein sagen. Er, mit rotblonden Locken, trägt einen dunklen Anzug mit weißer Blüte am Revers und nickt ebenso freudig wie bittend. Er ist Amerikaner und sie kommen aus Kalifornien, wie sich später herausstellt. Als ich auf meine kurzen Hosen, das bunte Hawaiihemd und meine nackten Füße zeige, die so völlig im Kontrast zum Outfit der beiden stehen, meinen sie, das würde nichts ausmachen.

Also stelle ich mich erwartungsvoll zwischen die beiden. „Nein, nein" sagt sie. „Fotos erst nach der Zeremonie."
Ein mit Anzug, Kragen und Krawatte ausgestatteter Hawaiianer klärt mich auf, er sei vom Standesamt, sie suchen noch einen Trauzeugen für die Braut, der Bräutigam habe schon eine Zeugin gefunden, offensichtlich die Blonde im Bikini, die auch daneben steht, und ich soll doch ihm noch meine Personalien nennen, dann könne alles gleich losgehen. Mein verdutztes Gesicht spricht Bände. Obwohl vor Staunen fast sprachlos murmele und buchstabiere ich Name und Anschrift und die Zeremonie beginnt.

Ich stehe neben ihr. Die wenigen Hochzeitsgäste haben sich inzwischen um uns geschart. Der Offizielle hält eine kurze Ansprache, formuliert die alles entscheidenden Fragen, die beide mit einem lauten Ja beantworten, lässt das vermählte Paar Ringe und Küsse wechseln, die Zeugen bestätigend unterschreiben und ein neuer Bund fürs Leben war auf hawaiische Art geschlossen. Fotos werden geschossen. Ich gratuliere herzlich und die beiden entschwinden über den Strand mit ihren laut Beifall klatschenden Verwandten und Freunden im Moana, jenem Luxushotel, in dem es an nichts fehlt, außer an einem Trauzeugen.

Darauf muss ich einen trinken. Die Happy Hour war angebrochen und wir setzen uns auf der Terrasse des Sheraton in die Pupu Bar, unserem Lieblingsplatz für Sundowner, Pupus, Hawaiimusik und Hula. Alles ein wenig kitschig, oder um es zu steigern, amerikanisch kitschig, und trotzdem oder gerade deshalb immer wieder faszinierend. Wir stoßen mit einem Glas Champagner an, auf uns, aber auch in Gedanken an das junge Paar, und bestellen Pupus, zu denen die Spanier Tapas sagen würden.

Die typisch weiche Musik der Hawaiigitarren und Ukulelen dringt zu uns herüber. Während die Tänzerinnen im Baströckchen und mit einem Blütenkranz auf dem Kopf sich im Rhythmus des Hula wiegen, wirbeln die Tänzer über die Bühne und ziehen mit brennenden Fackeln Feuerkreise in die Luft. Schiffe fahren draußen vorbei, mit erwartungsvollen Gästen an Bord, die das tägliche Schauspiel des Sonnenuntergangs bei einer Dinner Cruise erleben wollen. Auch wir bleiben, bis sich die Sonne verabschiedet. An diesem Abend beginnt das Schauspiel burgunderrot und endet violett.

Am nächsten Morgen fahren wir über die Kalakaua Avenue und den Ala Moana Boulevard zum Aloha Tower im Hafen von Honolulu. Die Parkmöglichkeiten sind gut und die Auffahrt auf den Turm, der hier seit 1926 steht, wird mit einem perfekten Ausblick auf die Schiffe in den Becken, die Altstadt und das Zentrum der Banken und Konzerne belohnt. Auf unserer Runde zu Fuß durch die Stadt interessieren wir uns für das Chinaviertel mit seinen alten Häusern und Geschäften, den Kräuterläden, Apotheken, Geflügelläden, Fleischereien, Gemüseständen, Antiquitäten- und Krämerhändlern, die alles anbieten, was wir uns nur denken können. Das Wo Fat, ein Gebäude mit rosaroter Fassade, in welchem sich ein Café befindet, bietet uns ein besonders attraktives Fotomotiv.

Unglaublich aber wahr, auch Amerika hatte einen Königspalast in alter Zeit. 1882 wurde der Iolani Palace fertig gestellt. In ihm herrschten König Kalakaua und seine Nachfolgerin Königin Lili'uokalani bis zum Ende der Monarchie im Jahre 1893. Heute ist der Palast Kongressgebäude des Staates Hawaii. Die Zeit für die Führung passt nicht so recht in unsere Vorstellungen. Wir gehen deshalb einige Schritte weiter zum Standbild von König Kamehameha I. in der King Street. Die Statue wurde Ende des 19. Jahrhunderts in England gegossen und auf einem Schiff auf den Weg gebracht, das vor den Falklandinseln unterging. Die Stadt ließ eine erstellen, die vor uns auf dem Sockel steht, täglich mit frischen Leis geschmückt und von den Hawaiianern sehr verehrt wird. Das Original, das Jahre später geborgen werden konnte, sahen wir vor einer Woche in Kapaau in der Heimat von Kamehameha.

Vorbei am State Capitol Building mit seinem monumentalen Säulenportikus, der City Hall und den Mission Houses, die zusammen mit der bereits 1842 erbauten Kirche zu den ältesten Gebäuden gehören, erreichen wir nach einiger Zeit wieder den Parkplatz.

Auf der Rückfahrt nehmen wir vom Wagen aus vom Business-Center von Honolulu Notiz, dessen Gebäude fast ausnahmslos eine besonders ansprechende architektonische Handschrift zeigen, mit vielen Elementen in farbigem Glas und eloxiertem Stahl. Wir biegen wieder in die Kalakaua Avenue ein, die hinter unserem Hotel vorbei und dann den ganzen Strand von Waikiki entlangführt.

Das Leben pulsiert hier Tag und Nacht, abwechselnd sonnendurchflutet oder in das grelle bunte Licht der Leuchtreklamen getaucht. Hotels und Geschäfte wechseln mit Restaurants und Bars, Kinos, Theater, Discos, Shopping Malls. Und dann der Strand und an dessen Ende der Kapiolani Park mit einer Open-Air-Bühne. Badegäste auf der einen Seite, Einkaufsbesessene auf der anderen, allen voran Japanerinnen mit Tüten von Armani, Dior, Gucci oder Lagerfeld, von Geschäft zu Geschäft hastend, als gäbe es am nächsten Tag nichts mehr zu kaufen. Wir fahren sehr langsam an alledem vorbei, umrunden den Diamond Head, durchqueren ein Viertel mit prächtigen Villen und biegen dann nach rechts auf den Highway 72 ein.

Nach etwa einer halben Stunde erreichen wir, fast am südöstlichsten Ende von Oahu, die Hanauma Bay mit dem gleichnamigen Underwater State Park. Der Parkplatz ist groß, aber eben nur so ausgelegt, dass diese bezaubernde Bucht nie überfüllt ist. Sie wird vom Rand eines längst erloschenen kleineren Vulkankraters gebildet, dessen Ostseite von den heranstürzenden Wellen des Pazifik vor langer Zeit zer-

schmettert und ins offene Meer hinausgetragen wurde. Ein Korallen-
riff wuchs über die Jahrhunderte heran und bildet einen natürlichen
Schutzwall für die Bucht. Das Wasser begrüßt uns türkisblau und rein.
Natürlich führen wir alle erforderlichen Utensilien mit uns, Badeklei-
dung, Handtuch, Reisstrohmatte, die Schnorchelausrüstung und einen
Golfschirm, den wir zusätzlich zum Schatten der Palmen als Sonnen-
schutz nutzen. Der Unterwasserpark hält, was am Eingang auf einer
großen Tafel versprochen wird. Wir bewundern lange die artenreiche
Fauna und Flora unter den leicht dahinplätschernden Wellen und
bleiben, bis die Sonne hinter dem Rand des Kraters verschwindet.

Ancient Hula in Waimea

Wir brechen wieder einmal früh auf, um Waimea an der Nordküste zu besuchen. Mit 75 km für die einfache Strecke ist die zu erwartende Anstrengung allerdings nicht zu groß. Gleich nach dem Hotel nehmen wir den Nimitz Highway, der uns zuerst am Hafen und dann am Flughafen vorbei stadtauswärts führt. Am Exit 15-A biegen wir zum Arizona Memorial ab.

Am 7. Dezember 1941 starteten die Japaner einen Überraschungsangriff auf Pearl Harbor in zwei Wellen und vernichteten die Pazifische Flotte der USA entscheidend. 8 Schiffe wurden damals versenkt, unter ihnen die U.S.S. Arizona und 4 weitere Schlachtschiffe. 13 Schiffe wurden erheblich beschädigt, 188 Flugzeuge am Boden zerstört. 2.403 Amerikaner fielen dem Angriff zum Opfer. Im Gegenschlag versenkten die Amerikaner 6 U-Boote, schossen 29 Flugzeuge ab und töteten 129 Japaner. Dieser Vernichtungsschlag Japans führte zum Eintritt der USA in den 2. Weltkrieg.

Noch heute liegen drei der gesunkenen Schiffe auf dem Grund von Pearl Harbor, unter ihnen die Arizona, der ehemalige Stolz der Pazifischen Flotte. Aus der Luft kann man den Rumpf dieses Schlachtschiffes sehen, Aufbauten ragen aus dem Wasser. Quer über dem Schiff wurde 1962 ein Denkmal erbaut. Vom Besucherzentrum aus setzen wir mit einem Pendelboot der Marine über. Wir betreten die Eingangshalle und die daran anschließende große, offene Gedenkhalle, von der aus das Schiff zu sehen ist. Am Ende kommen wir in eine Art Schrein. Hier stehen die Namen von 177 Marinesoldaten, die an Bord des Schlachtschiffes am 7.12.1941 fielen, in einer Wand aus weißem Marmor eingraviert. Kein Besucher spricht ein Wort. Viele Japaner sind hier. Manche beteten. Einer trocknet seine feuchten Augen mit einem Taschentuch. Auch wir, die wir als Kind Bombenangriffe mit eigenen Augen erlebt hatten, sind sehr ergriffen.

Zurück mit der Barkasse setzen wir unsere Fahrt Richtung Norden fort. Das Gelände steigt an. Die Straße führt über einen Sattel zwischen der östlichen und der westlichen Bergkette. Rechts und links wachsen Zuckerrohrfelder, die von riesigen Ananasplantagen abgelöst werden. In unserer Jugend kannten wir nur Ananas aus der Dose mit einem runden Loch in der Mitte. Als wir zuerst zum Del Monte Pineapple Garden und dann zum Dole Pineappel Pavillon kommen, erinnern wir uns wieder an die Schriftzüge dieser beiden Marken. Wir halten an einem Lehrpfad. Mehrere Sorten werden hier gezüchtet, die sich in der Größe und Farbe ihrer stacheligen Blätterbüschel unterscheiden. Die frisch geernteten Früchte schmecken natürlich unvergleichlich herzhafter und süßer als jene zu Hause erhältlichen, die lange Seereisen in Kühlcontainern hinter sich haben, oder gar als die Dosenananas.

Ganz in der Nähe führt ein Weg zum Kukaniloko. Im Schatten einiger hoher Bäume liegen größere Felsbrocken, die von den alten Hawaiianern zugehauen waren. Die Gravuren, ähnlich den Petroglyphen auf Big Island, scheinen aber ältern Datums zu sein, nicht dagegen die Zeichnungen auf den Felsen. Die ali'i benutzten diese Stätte, den Angaben zufolge, als Geburtssteine, was unsere Vorstellungskraft jedoch leicht überstieg.

Am Ende des HW 99 kommen wir nach Hale'iwa. Dies ist ein ganz und gar bezauberndes Städtchen. Wir machen einen ausgiebigen Bummel. Noch weiter nach Norden führt dann der Highway 83. Weit kann es jetzt nicht mehr sein. Nach einigen Fahrtminuten erreichen wir unser heutiges Ziel, das Waimea Valley und die Waimea Bay.

Beim Gang durch den Waimea Falls Park, in welchem über Jahrhunderte Menschen wohnten, wird für uns der Geist des Old Hawaii so lebendig, wie nirgendwo sonst auf den Inseln. Das liegt an der Landschaft, dem Tal, den Flüsschen und Teichen, den vielfältigen Pflanzen, den vorgefundenen oder ausgegrabenen und zum Teil restaurierten baulichen Anlagen und den gekonnten Vorführungen, die uns in die alte Zeit zurückversetzen.

Das ganze Tal gleicht einem botanischen Garten. Hier wachsen 380 gefährdete Pflanzen aus aller Welt, von denen uns die in Hawaii endemischen natürlich besonders interessieren.

Hibiskus

In einem von Mauern umgebenen Areal können wir nachvollziehen, wie gewohnt und gearbeitet wurde. Eine Gruppe zeigt Zeremonien zum Erntedank und solche, die zum Begräbnis üblich waren.

Noch ein Wegstück weiter führen Hawaiianer den echten Ancient Hawaiian Hula vor, den Hula aus der alten Zeit. Wunderschön. Keine Gitarren, keine Ukulelen. Zum Rhythmus werden ausgehöhlte Baumstämme und sehr große, mit Häuten bespannte Kürbisse geschlagen. Der Gesang entspricht mehr einem Sprechgesang. Die Männer und Frauen tragen aus dem Bast der Taropflanze gefertigte Originalkostüme. Den „kahiko" tanzen zu unserer Überraschung nur die Männer. Alles für uns ein eindringliches Erlebnis großer Ursprünglichkeit.

Wir gehen weiter bis ans Ende des Parks, bis dorthin wo die Waimea Falls aus dem uneinsehbaren oberen Tal über eine Felskante hinweg herabstürzen und einen Teich bilden. Hawaiischer gelber Hibiskus, Spinnenlilien und Ingwer wachsen an der Uferböschung. Das Dach des Waldes öffnet sich an dieser Stelle weit und die Sonnenstrahlen bilden in dem vom Wind erzeugten Sprühregen des Wasserfalls einen kleinen Regenbogen. Drei mutige, athletische junge Einheimische klettern die Felswand empor. Zur Begeisterung des Publikums stürzen sie sich nacheinander aus etwa 18 m Höhe mit weit ausgebreiteten Armen elegant in die Tiefe. Ganz ohne Hollywood geht auch im Old Hawaii nichts.

Zurück am Parkplatz besuchen wir noch den Hale o Lono Heiau. Wie der Name sagt, ist der einer wuchtigen Plattform gleichende Tempel Lono, dem Gott der Fruchtbarkeit und des Friedens geweiht und ehemals zum Schutz der Feldfrüchte, der Fische des Meeres und des menschlichen Lebens errichtet worden. Dieser Heiau scheint eine der besterhaltenen und restaurierten Kultanlagen Hawaiis zu sein.

Der Weg aus dem Park führt durch eine große, von den ersten polynesischen Siedlern angelegte Plantage mit Kokospalmen hinaus zur Bucht von Waimea. Hier, auch an einigen anderen Stränden der Nordküste von Oahu, aber vor allem hier ist das zweite Mekka der Surfer.

Wir wollen unbedingt an diesem berühmten Strand selbst einmal ins Wasser. Aber die Wellen lassen uns keine Chance. Eine nach der anderen türmt sich vier, fünf, sechs Meter hoch auf. Und alle rollen bis zum Strand, wo sie in lautem, gurgelndem Getöse zusammenbrechen. Noch einige Wochen später, im Dezember, sollen sie auch hier bis zu 10 m erreichen.

Wir schauen einige Zeit den Surfern zu und fahren dann weiter bis zum nördlichsten Punkt der Insel, der Turtle Bay mit dem Kulima Point genannten Kap, auf dem das Turtle Bay Hilton steht. Von der Terrasse beobachten wir bei einer Tasse Kaffee auch hier die Surfer. Diese Stelle erscheint uns besonders gefährlich. Die Wellen rollen schräg zum Strand und die Surfer, wollen sie die Kraft von Wind und Wasser möglichst lang nutzen, müssen haarscharf an den Felsen des Riffs vorbeischießen. Uns bleibt manchmal fast der Atem vor Aufregung weg.

Eine Gruppe festlich gekleideter Leute zieht an uns vorbei, schreitet durch die blumengeschmückte, offene, weite Halle des Hotels, um im Garten auf der anderen Seite zu verschwinden. Neugierig geworden folgen wir mit etwas Abstand, da wir ohnehin das Resort besichtigen möchten. Im Garten zur Meerseite steht eine weiße, nach drei Seiten offene kleine Kapelle und am Altar postiert sich ein Brautpaar mit den Hochzeitsgästen.

„Irene, nichts wie weg", sage ich, „lass uns schnell verschwinden. Wer weiß, ob die nicht auch einen Trauzeugen suchen." Einmal sollte genug sein.

Kamehameha Highway,
Samoa Shake und deutsche Farben

Zur Luvseite der Insel Oahu führen zwei Wege, der schnellere Like Like Highway durch den Wilson Tunnel und der etwas längere Pali Highway, der uns empfohlen wurde. Auf dem hochgelegenen Sattel halten wir am fantastischen Pali Lookout. Die Ko'olau Mountains fallen hier steil zum Meer ab. Die fast 1000 m hohen Berghänge sind wie in Falten gelegt, bis oben hin von Pflanzen überwuchert und schimmern je nach Lichteinfall grün bis blaugrün. An den Rändern meist von Wolkenfetzen umhüllt, enden sie im Tal in einem tiefen, dunklen Regenwald. Wir starteten am Hotel bei Sonnenschein, Regen begleitete unsere Auffahrt und auch am Lookout herrscht noch leichter Sprühregen, aber die Ostküste tief unter uns liegt wieder in der Sonne.

Nach der Abfahrt über große Kehren wechseln wir auf den Kamehameha Highway 83, den wir am Tag zuvor auf der Westseite bis zu seinem nördlichen Ende folgten, und den wir jetzt im Luv erkunden wollen. Auch auf Oahu hatten die Japaner 1968 anlässlich des hundertsten Jahrestages der Ankunft der ersten Einwanderer Gedenkstätten und Tempel erbaut.

Gleich nach dem Eingang zum Temple Valley durchqueren wir mit dem Auto einen liebevoll gepflegten Friedhof, der sich wie eine große, sanft geschwungene Alm vor uns ausbreitet und dessen blumengeschmückte Gräber wie weit verstreute Blüten auf einer wogenden Wiese wirken.

Der Byodo-In Temple liegt versteckt an einem Bachlauf in einer Senke. Wir können ihn erst nach längerer Anfahrt und einigen Schritten auf einem schmalen Weg jenseits des Parkplatzes erspähen. Der tropische Regenwald beginnt unvermittelt hinter den Gebäuden und obwohl die ganze Szene in Sonnenlicht getaucht ist, fallen ständig winzigste Wassertröpfchen vom Wind aus weiter Ferne herangetragen auf uns herab. Der schöne Garten zeigt typisch japanische Elemente, wie Kirschbäume, die im Frühjahr rosa und weiß erblühen, kupierte und dann kunstvoll geschnittene Laub- und Nadelgehölze, steinerne

Ampeln und zwei Teiche mit mehreren tausend Karpfen, die Glück und Reichtum symbolisieren.

Der Byodo-In ist die naturgetreue Nachbildung eines 900 Jahre alten Tempels in Japan. Mehrere Gebäudeteile, ausschließlich aus Holz errichtet und glänzend rot lackiert, sind zu einem großen Ganzen komponiert. Der Buddha in der weitläufigen Halle gilt als einmalig in seiner Art. Ebenfalls aus Holz geschnitzt, mit Lack und Plattgold überzogen, verkörpert er Amida, dessen Glanz unendlich ist und dessen Reich das im Westen gelegene Paradies verkörpert. Amida oder auch Amitabha genannt ist der bedeutendste aller Buddhas der weit verbreiteten Mahajana-Lehre.

Im Garten überschreiten wir eine gebogene Brücke, die einen Bach überspannt und gehen zum Glockenturm. Wer die Glocke schlägt, den führen eines Tages die Wege zurück zu dieser geweihten Stätte. Vor elf Jahren schlugen wir die Glocke zum ersten Mal, und siehe, wir kamen wieder. Die Glocke hat keinen Klöppel. Vor ihr hängt an zwei dicken Seilen ein drei Meter langes Stück eines geschälten und an den Enden abgerundeten Baumstammes. Ein in der Mitte befestigter weiterer Strick endet in einem Knoten. Wir fassen gemeinsam an, bringen den Baumstamm ins Schwingen und schlagen dreimal die Glocke. Ihr tiefer und weicher Klang erfüllt das Tal und bleibt lange zu hören.

Wir verlassen den Tempelbezirk durch das große Tor im Gedanken an eine mögliche erneute Wiederkehr.

Der Kamehameha Highway verläuft direkt an der Küste weiter nordwärts. Wir kommen an zahlreichen, fast menschenleeren Buchten und verträumten Dörfchen vorbei, sehen eine kleine Insel, die auf Grund ihrer Form Chinaman's Hat genannt wird, passieren Plantagen und Weidegründe der Kualoa Ranch und erreichen schließlich unser Tagesziel, das Polynesian Cultural Center. Um es vorweg zu sagen, wir verzichten auf das IMAX Theater, auf Buffet & Show, auf Light & Sound und machen einen großen Bogen um das Shopping Center. Uns interessieren die Dörfer der sieben polynesischen Kulturen mit ihren Menschen, Sitten und Gebräuchen.

Das Zentrum und die daneben liegende Universität werden von Mormonen betrieben. Die Studenten, alle Polynesier, verdienen sich mit ihren Auftritten einen Teil der Studiengebühren und die Eintrittsgelder kommen dem Zentrum und der Universität zu Gute.

Überall herrscht Fröhlichkeit. Die Hütten, Häuser und Hallen waren wie vor Jahrhunderten gebaut worden, ohne Metall, nur aus natürlichem Material.

Wir sehen, wie große Kanus und Katamarane mit einfachsten Werkzeugen gefertigt werden. Handwerker stellen Dinge des täglichen Gebrauchs her, Frauen schlagen die Tarofasern, weben und binden Körbe aus Palmblättern.

Die Schrift war den Stämmen unbekannt. Sie singen und tanzen deshalb ihre alten Geschichten und spielen erzählend ihre Legenden.

Die Fidschis treten besonders kriegerisch auf, ihre farbenprächtige und aufwändig bestickte Kleidung wirkt beeindruckend.

Die stark tätowierten Maoris aus Neu Seeland strecken allen Neuankömmlingen Furcht erregend stampfend und schreiend die Zunge entgegen.

Die schönsten Kleider tragen die Frauen aus Tonga. Sie wirken anmutig und bewegen sich fast elegant.

Im Dorf von Hawaii wird der Ancient Hula getanzt, während die Frauen von Tahiti in bodenlangen Baströcken und Kokosnuss-BH aufreizend herumwirbeln; schön anzusehen, aber zu touristisch.

Den größten Spaß haben wir im Dorf von Samoa. Ein geschickter Handwerker, Künstler, Tänzer, Kletterer und Gastgeber führt uns durch sein kabarettreifes Programm. Mit affenartiger Geschwindigkeit erklimmt er eine Palme, pflückt eine Kokosnuss, rupft den haarfeinen Bast, dreht einen dünnen Stab mit beiden Händen und entfacht pustend ein Feuer. Er spaltet die Nuss mit einem Stein, schabt mit diesem das Fleisch und mischt dieses zusammen mit der Milch und einer zerquetschten Banane zu einem Samoa Shake, den er über dem Feuer leicht erwärmt. Dazwischen muntert er ständig seine Zuschauer mit lustigen Bemerkungen beifällig zum Lachen auf. Alle ziehen begeistert mit. Nur eine Gruppe Koreaner schaut schweigend zu, applaudiert nicht und verzieht keine Mine.

Er nimmt die Schale mit dem Shake, geht auf eine junge Koreanerin zu und macht ihr gestenreich verständlich, dass sie kosten soll. Erst

74

zögert sie, sieht sich erschrocken und fragend um und nimmt nach einiger Zeit doch einen kleinen Schluck. Alle schweigen und schauen zu ihr hin. Sekunden über Sekunden vergehen. Dann lächelt sie, reicht die Schale zurück und alle anderen Koreaner stimmen lächelnd ein.

Sehen Sie, meine Damen und Herren", sagt der Samoaner, „jetzt wissen sie, warum ich lieber auf Hawaii und in der Südsee lebe. Hier sind die Menschen leichter zum Lachen zu bringen."

Zum Abschluss besuchen wir das Dorf der Marquesas, das mehr einem befestigten Tempelplatz gleicht. Hier werden Kriegstänze vorgeführt. Die Männer sind noch reicher tätowiert als die Maoris. Sie haben sich mit martialischen Schlagkeulen und Wurfspießen ausgestattet und mit prächtigen Federn reich geschmückt. Einer trägt auf dem Kopf die Schale einer großen Muschel als Helm, der mit langen roten und am Ende schwarzen Federn bestückt ist.

Ein anderer, der den Anführer spielt, trägt ein Pektoral, einen Brustschmuck aus Federn, die in drei Reihen angeordnet sind, in schwarz, rot und goldgelb. Am Ende der Vorführung erkundige ich mich nach der Bedeutung dieses kostbaren Stückes.

„Sie müssen aus Germany sein. Mir wurde diese Frage schon oft gestellt und ich weiß, dass schwarz-rot-gold Ihre Nationalfarben sind. Schwarz-rot-gelb war aber auch das Symbol der ali'i auf den Marquesas. Diese Federn durften nur von den Anführern getragen werden. Ich hoffe, Sie erinnern sich jetzt oft an unsere schönen Inseln." Ja, wir erinnern uns gerne.

Auf dem Weg zurück zum Hotel halten wir am Abzweig zum Like Like Highway und gehen ins Pizza Hut. Wir entscheiden uns für die Ecke mit Service. Bevor wir bestellen können, müssen wir kundtun, dass wir aus Germany kommen. Warum der Euro so weich sei, will die Kellnerin gleich wissen und warum die Wirtschaft bei uns seit Jahren praktisch nicht mehr wächst, interessiert die Gäste am Nachbartisch.

Ich blicke auf die Speisenkarte. In der Tat, wir waren in einem Pizza Hut und nicht im Wirtschaftsclub. Interessante Fragen. Ich weise darauf hin, dass der Euro im Vergleich zum Dollar schon seit geraumer Zeit den Turnaround geschafft hat und die amerikanische Wirtschaft von der Maschinerie des Krieges und nicht vom privaten Konsum getrieben wird, was noch böse Folgen haben kann. Bezüglich des ausbleibenden Wachstums bei uns muss ich leider auf die Schwächen in Berlin und die zähe und ungenügende Realisierung der Reformprozesse verweisen.

Die Nachbarn bleiben unbeeindruckt. Die Integration der Länder im Osten Deutschlands verschlang „a lot of billions", womit sie nach unserem Sprachgebrauch Milliarden meinen. Das war für den Westen Deutschlands fast so teuer wie ein dritter Weltkrieg.

Aber der große Paukenschlag stünde Germany und der EU erst noch bevor, meint der Nachbar. Wenn die Erweiterung nach Osten realisiert wird, werden vor allem die starken Länder Europas zur Kasse gebeten.

Wir essen rasch unsere Pasta, nicken zum Nebentisch und verabschieden uns. Draußen ist die Stimmung sonnig und freundlich. Wir freuen uns auf den Abschlussabend in Oahu.

Das Outrigger Reef besitzt eine große offene Halle. Auf runden Tischen und kurzen Säulen stehen ausladende Blumengebinde. Bunte Ölgemälde mit den schönsten Perspektiven der Insel hängen an den Wänden. Die Terrasse ist reich mit Palmen, Bambus, gelben Hibiskus und Bougainvillea bepflanzt und geschmückt. Ein schöner Platz zum Verweilen.

Wir lassen uns in einer gemütlichen Ecke neben der Bar und der kleinen Bühne nieder. Eine leichte Brise weht vom Meer und in unseren Gesprächen kommen wir noch einmal auf die vielen und großartigen Ereignisse unserer Entdeckungsfahrten der letzten Tage zurück. Zwei Hawaiianer spielen und zwei Hawaiianerinnen tanzen. Sie tragen Mumus, das sind schön anzusehende, lange, bunte, weit geschnittene und die meist fülligen Figuren verbergende Gewänder mit Volants, welche die Missionare vor zweihundert Jahren den spärlich bekleideten Insulanerinnen verordnet hatten. Ancient Hula wird gespielt, gesungen und getanzt. Als die Gruppe den Hukilau anstimmt, verfallen wir glücklich unseren hawaiischen Träumen.

Kauai – Naturgewalten

Die Insel Kauai im äußersten Nordwesten des Archipels ist die älteste der acht großen Inseln. Auf Grund der vielseitigen und üppigen Vegetation wird dieses immergrüne Schmuckstück auch Garden Isle genannt. Überragt vom Waialeale, dem Berg des Wassers, zerklüftet von der Wunde eines überdimensionalen Canyons und von den Steilwänden der Na Pali Coast gegen die anstürmenden Winde abgeschirmt, ist Kauai für mich die spektakulärste, die wildeste, die eigenwilligste aller hawaiischen Inseln.

Iniki und Poipu, Spuren eines Hurrikans

Anlässlich unserer ersten Reise nach Hawaii buchte ich rechtzeitig im Frühjahr 1992 ein Zimmer im Sheraton Coconut Beach für die Zeit vom 24. bis 28. September. Fünf Tage vor dem Abflug erhielt ich von unserem Reisebüro die eilige Nachricht, dass wir umbuchen müssten. Das Hotel sei vorübergehend geschlossen worden, da ein Sturm starke Schäden verursacht hätte. Ich wählte ein anderes Hotel aus. Doch auch dieses war nicht buchbar. Als wir etwas ungläubig und verunsichert nachforschten, erreichte uns die Information von der anderen Seite der Welt, dass die ganze Insel bis auf weiteres für alle Besucher, gleich welcher Art, gesperrt worden sei.

Was war passiert?

Am 11. September 1992 fegte ein Hurrikan, der von den Meteorologen Iniki getauft worden war, mit unvorstellbarer Wucht über Kauai und zerstörte weite Teile der Insel vollständig. Windgeschwindigkeiten von 145 bis 160 mph waren gemessen worden. Das entsprach in der Spitze bis zu 250 Stundenkilometer.

Die heranstürmenden Wellen erreichten Höhen über 10 Meter und das bei einem Wasserstand, der rund 7 Meter über Normal lag. Weite Teile der Küste wurden überflutet.

Nichts war nach dem Sturm wie vorher. Häuser wurden abgedeckt oder sogar ganz zerstört, Autos durch die Luft gewirbelt, Schiffe auf das Land geschleudert, Bäume wurden entlaubt, abgeknickt oder entwurzelt. Ganze Wälder wurden zu Boden gerissen und die Zuckerrohr- und Tarofelder waren nicht mehr grün, sondern braun vom Morast. Die Schäden gingen ins Unermessliche. Wie ich Jahre später erfuhr, kostete allein die Renovierung des von uns damals gebuchten Hotels am Coconut Beach über 18 Millionen US$.

Bei dieser Reise klappt nun alles bestens. Wir werden bei friedlichem Wetter und schönster Sonne mit Blütenkränzen und einem warmen Aloha im Hayatt Regency empfangen. Zwei fröhlich lächelnde Kellnerinnen reichen uns einen erfrischenden Ananasdrink zum Willkommen.

Mit dem Glas in der Hand durchschreiten wir die blumengeschmückte Säulenhalle, in dessen Atrium ein künstlicher See entspringt, und wenden uns der Terrasse zu. Unser Blick geht über die farbenfrohe Landschaft, die Palmen, bunten Rabatten und Wege des Parks, über die Pools, die Pavillons und die Lagune hinunter zum Strand mit dem Riff, hinaus auf den Pazifik und hinüber zur Nachbarinsel Niihau.

Das Hyatt befindet sich an der Küste von Poipu ganz im Süden der Insel, der von Iniki damals besonders stark heimgesucht wurde. Nichts deutet mehr darauf hin, dass auch diese Hotelanlage für 18 Monate den Betrieb einstellen musste, da die Aufräumarbeiten und Instandsetzung einfach so viel Zeit beanspruchten.

An unserem ersten Abend sitzen wir in Stevenson's Library, wie die gemütliche Hotelbar geheimnisvoll umschrieben wird. Wir finden ein Video über die damaligen Ereignisse, das von einem mutigen Mitarbeiter aufgenommen worden war, und der Barkeeper führt es uns bereitwillig vor. Wir können sehen, wie das Meer stieg, über den Strand bis in den Park vordrang, wie Sturm und Wellen alles zerschmetterten, was sich in den Weg stellte, wie die Pavillons vom Sockel gerissen und zusammen mit entwurzelten Palmen und den heranpeitschenden Wassern auf das Hotel, in die Hallen und in die Zimmer geschleudert wurden. Iniki hatte ganze Arbeit geleistet, nichts war mehr intakt. Und wir sehen auch, wie die Mannschaft bereitwillig mithalf, das Hotel, ihr Hotel, vom kniehohen Schlamm zu befreien, die Teppiche, die Möbel, und die Gardinen herauszuräumen, da sie nicht mehr zu gebrauchen waren und wie schließlich Handwerker und Gärtner in mühseliger Arbeit alles wieder wie neu werden ließen.

Wann kommt der nächste Hurrikan? Niemand weiß dies vorherzusagen. Iniki war nicht der erste, aber bestimmt auch nicht der letzte Sturm an dieser vom Schicksal sehr oft gebeutelten Küste, die direkt vor unserem Hotel bezeichnender Weise den Namen Shipwreck Beach trägt.

Den ersten Tag auf Kauai verbringen wir entspannend in der Anlage unseres schönen Hotels.

Zum Resort gehört auch der Poipu Bay Golf Course, der schon oft Austragungsort der Hawaiian Open oder der Seniors war.

Ich kann nicht widerstehen und spiele eine Runde auf dem von Robert Trent Jones Jr. designten Platz. Die rollenden Fairways und übergroßen Stufengrüns stellen für mich eine große Herausforderung dar, ebenso die langen Löcher direkt am Steilhang der Küste. Zwischendurch genieße ich mehrfach den wundervollen Blick hinaus auf den Pazifik, wofür ich mir bei dieser Privatrunde mehrfach die Zeit nehme.

Waimea Canyon, die klaffende Wunde

Das Straßennetz von Kauai ist überschaubar. Der Highway 50 führt über die Südküste nach Westen, der Highway 56 über die Ostküste nach Norden.

Wir verlassen Poipu über Koloa, jenem alten Pflanzerstädtchen, das bereits 1835 gegründet wurde und noch immer viel Charme zeigt mit seinen farbigen Häusern, den überdachten, hölzernen Gehwegen und der St. Raphael's Church, in der die Gottesdienste für die Plantagenarbeiter gehalten wurden. Wir biegen nach Süden ab und sehen die fruchtbaren Hügel und Felder auf denen Zuckerrohr, Papayas und Taro wachsen. Am ausgeschilderten Scenic Overlook halten wir an. Vor uns liegt das beschauliche Hanapepe Valley. Hier wurden 1824 die letzten Machtkämpfe mit abtrünnigen Stämmen ausgefochten, obwohl sich Kauai bereits 1810 der Führung König Kamehameha's I. angeschlossen hatte.

Im Inneren der Insel können wir den Waialeale erkennen, dessen 1.569 m hoher Gipfel allerdings Wolken verhangen bleibt. Wie hätte es auch anders sein können. Dieser Berg gehört zusammen mit der Iao Needle und dem Iao Valley auf Maui zu den regenreichsten Stellen der Erde. Der jährliche Niederschlag übersteigt hier regelmäßig die 11 Metermarke.

An den von alten Hawaiianern angelegten und noch immer genutzten Salinen vorbei erreichen wir nach einigen Meilen Weimea, einen historischen Ort. Hier landete Captain James Cook 1778 mit den beiden Schiffen Resolution und Discovery und betrat als erster Mensch der westlichen Welt den Boden Hawaii's. Ein Denkmal im Ort erinnert an dieses Ereignis.

1815 havarierte ein Segler mit russischen Pelzhändlern an den Klippen der Südküste. Nach Verhandlungen errichteten die Russen ein Protektorat und erbauten das Fort Elizabeth im Grundriss eines sechszackigen Sterns. Als das Interesse des Zaren jedoch zu Gunsten Alaskas schwand, wurde das Fort aufgegeben. Was für eine glückliche Schicksalswende für Kauai. Wir sehen nur noch kümmerliche Ruinen.

Am Ende der kleinen Stadt biegen wir in den Waimea Canyon Drive ein. Über Jahrmillionen hinweg schürften sich die Regenmassen immer tiefer in die Landschaft, bis ein 20 km langer und fast 1.000 m tiefer Canyon entstand. Mark Twain soll ihn einmal als den Grand Canyon von Hawaii bezeichnet haben. Sicher ist er nicht so groß, wie jener in Arizona, aber in vielerlei Hinsicht vergleichbar.

Die kurvenreiche Straße zeigt sich uns in gut ausgebautem Zustand. Nach einigen Kilometern fahren wir an bizarren Gebilden vorbei. Einer Aufnahme von einem Satelliten können wir später entnehmen, dass Iniki mit seinem Kern direkt den Canyon entlanggefegt sein muss. Noch immer stehen vom Hurrikan entlaubte, inzwischen restlos ausgetrocknete und von der Sonne ausgeblichene Bäume schemenhaft in der Landschaft.

Wir halten an mehreren Aussichtspunkten und bewundern fasziniert die Formen und Farben der Schlucht, die vom Wind getriebenen Nebelschwaden und das Spiel von Licht und Schatten. Das Rot der Eisenoxyde dominiert die Landschaft. Der Blick in die Tiefe dieser klaffenden Wunde raubt fast den Atem.

Der höchste Punkt, den wir mit unserem Wagen erreichen können, ist der Kalalau Valley Lookout, 1.260 m über dem Meer. Wieder sind wir auf dieser schönen Insel an einer Stelle mit großer Ausstrahlung und fesselnder Anziehungskraft. Wir blicken hinab auf die Na Pali Coast, den Strand des immergrünen Kalalau Valley, das sich mehr als 10 km lang vor uns sanft abfallend ausbreitet, und hinüber auf das schroffe Faltenkleid der Lavarinnen und einige Wasserfälle. Wir sehen die sich brechende Brandung, aber wir hören sie nicht. Wir sehen die herabstürzenden Wasserfälle, aber wir hören auch diese nicht. Wir befinden uns inmitten einer einzigartigen Urlandschaft. Alles wirkt wie im Traum.

Auf der Rückfahrt machen wir Rast in der Kokee Lodge. In einer Ausstellung erhalten wir Informationen über die erdgeschichtliche Entwicklung der Insel und des Canyons und auch einige bebilderte Berichte über den Hurrikan Iniki, auf dessen Spuren wir immer wieder stoßen.

Die große Überraschung erwartet uns dann im Freien. Neben einer der Hütten grasen mehrere Nene, jene Graugänse und Wappentiere von Hawaii, die wir schon auf Big Island zu sehen erhofften. Wir können nicht erkennen, ob die Tiere domestiziert wurden. Sie laufen über die nach allen Seiten offene Wiese der großen Lichtung und fühlen sich sichtlich wohl; wir auch.

Wieder im Tal fahren wir weiter nach Westen bis an das bittere Ende. Die geteerte Straße geht urplötzlich in eine nicht enden wollende Schotterpiste über, deren Anzahl von Schlaglöchern die Stellen eines Taschenrechners sprengen würde. Außer Zuckerrohr sehen wir nichts. Erst nach zwanzig oder gar dreißig endlosen Minuten werden wir entschädigt. Vor uns breitet sich eine grandiose Wüstenlandschaft aus. In einer Entfernung von nur 50 km fällt so viel Niederschlag, wie fast nirgendwo auf dieser Erde. Und hier können wir eine Mischung aus Sylter Dünen, Sandbergen der Sahara und Arizona Dessert erblicken. Was für ein krasser Gegensatz.

Die Straße wird wieder angenehmer. Vertrocknetes Schilfgras weht auf den Dünen im Wind. Wir fahren an Dorngestrüpp und vereinzelten Kakteen vorbei, umrunden Sandberge und erreichen nach einer anstrengenden Fahrt den Endpunkt am Barking Sands Beach. No swimming, no diving, steht da geschrieben. Die Strömung ist zu stark.

Am Abend melden wir uns für ein Luau Dinner an. Einmal müssen wir einfach mitmachen, bei dem leider sehr touristisch aufgezogenen, aber typisch hawaiischen Brauch.

Männer heben einen Erdofen aus, den sie Imu nennen, und heizen diesen durch ein kräftiges Feuer auf. Frauen hüllen ein frisch geschlachtetes und zerteiltes Schwein in Blätter einer Bananenstaude und legen die Stücke zusammen mit Gemüse und Süßkartoffeln in den Imu, den sie dann mit den heißen Steinen, weiteren Bananenblättern und mit Erde zum Garen zudecken.

Nach und nach treffen die Gäste ein, die mit duftenden Leis oder Ketten aus Kaurimuscheln geschmückt werden und sich um den Imu scharen. Sobald die Speisen fertig sind, wird dieser unter beschwörend aufgesagten Formeln und begleitet von Gesängen geöffnet. Das

Essen unter freiem Himmel kann beginnen. Natürlich dürfen Hawaiimusik und Hula dabei nicht fehlen.

Abendstimmung in Poipu

Die letzten Schiffe fahren unweit der Küste vorüber und streben dem schützenden Hafen in der Nähe des Festplatzes zu. Als sich die Sonne hinter einem schmalen Wolkenband zurückzieht und die Nacht hereinbricht, erhellen nur noch Fackeln die gesellige Szene.

Na Pali Coast, Aloha, wir kommen wieder

Der letzte Tag war angebrochen und wir steuern voller Vorfreude nochmals ein großartiges Ziel an. In Koloa schlagen wir diesmal die Richtung nach Norden ein, durchfahren den dunkelgrünen Eucalyptus Tree Tunnel, so genannt, weil die Kronen der alten Bäume zu einem Dach zusammengewachsen sind, und nehmen in Lihue, der kleinen Hauptstadt von Kauai den Highway 56.

Wir passieren an mit Palmen bestandenen Stränden das Coconut Beach Hotel und andere Anlagen, überqueren den Wailua River und erfreuen uns an dem im wahrsten Sinne des Wortes grünen Garten der Insel. Mit eigenen Augen können wir sehen, dass die Bezeichnung Garden Isle zu Recht besteht.

Nach eineinhalb Stunden kommen wir zur Nordküste. Bei der Ansiedlung Kilauea machen wir einen kurzen Abstecher zum Wildlife Refuge, einem Nationalpark auf der nördlichsten Spitze von Kauai. Vom Sockel des Leuchtturms auf dem Kap beobachten wir die Flugkünste von tausenden von Vögeln, die ihre Nester in die Klippen hineinbauen. Der Passat bläst kräftig, was insbesondere den Fregattvögeln mit ihren überlangen Flügeln zu besonders eleganten Flugmanövern verhilft.

Noch ein paar Meilen weiter erreichen wir Princeville an der Hanalei Bay, einen auf einer Halbinsel gelegenen luxuriösen Urlaubsort.

Von einer Anhöhe beim Ortseingang blicken wir in das Tal des Hanalei River, einem Garten Eden, den sich schon die Ancient Hawaiian People urbar machten. Die Berghänge, welche die weitläufige Bucht bilden, schillern blaugrün im Licht der Sonne und der wie immer von dunklen Wolken umzingelte Waialeale, dessen endlose Wasser den Hanalei River speisen, ragt vor uns drohend empor. In den weiten Senken des Tals wird wie seit Jahrhunderten Taro angebaut. Die Wurzeln dieser großblättrigen Pflanzen werden zerstoßen und mit Wasser zu einem nahrhaften Brei, dem poi, angerührt, mit dem wir uns aber, ehrlich gesagt, trotz mehrfacher Versuche nicht anfreunde können. Auf einigen Weideflächen sehen wir Rinder und überall verstreut weiße Reiher, die nach Nahrung suchen. Welch eine Idylle.

Hanalei, auf das wir gleich hinter der den Fluss überspannenden, alten und schon etwas klapprigen Brücke treffen, ist für uns das originellste Städtchen dieser Insel. Hier wohnen Einheimische, gut betuchte Ruheständler, Aussteiger und Nichtstuer, Surfer, Prominente und Allerweltsmenschen. Und alle leben friedlich und locker zusammen.

Was zum Leben dringend gebraucht wird, gibt es im Ching Young Shopping Centre, was nicht dringend gebraucht wird, will ohnehin keiner. Dafür genießt jeder hier sich selbst und die Natur.

Wer innere Einkehr sucht, kann sich in die Waioli Church and Mission zurückziehen. Hier wird seit 1837 vom Paradies gepredigt, das viele nicht mehr suchen, da sie überzeugt sind, es in Hanalei schon gefunden zu haben.

Wir bummeln die Hauptstraße, die den lustigen Namen Mahimahi Road trägt, einmal auf und einmal ab und setzen unsere Fahrt fort. Zwei zauberhafte Buchten ziehen unterwegs noch unsere Aufmerksamkeit an, Lumahai und Haena, beide mit strahlend weißem Strand, von Palmen umrahmt und von einer schroffen Bergkulisse abgeschlossen. Die Szenerie ist so malerisch, dass Hollywood hier schon mehrere berühmte Filme drehte, unter anderen South Pazifik und Bali Hai.

Noch ein paar Kilometer und wir halten am Ende der Straße an dem voll Sehnsucht erwarteten Ziel unseres Fernwehs, dem Kee Beach und der dort beginnenden Na Pali Coast.

Schon vor Jahrhunderten schätzten die Hawaiianer diesen für sie mystischen Ort. Von hier bis zum Barking Sands Beach, an dem unsere gestrige Fahrt endete, ist die gesamte Westküste von Kauai nicht begehbar. Schier atemberaubend ist der Blick auf die aus den Wolken fast tausend Meter bis zum Meer herabhängenden Lavaklippen. Eine folgt der anderen, aneinandergereiht wie bei einem Faltenrock.

Ganz in der Nähe des kleinen Parkplatzes befinden sich mehrere tiefe Höhlen, trockene als auch feuchte, von denen alte Legenden handeln. Die Menehune sollen hier gelebt haben, jenes kleinwüchsige Volk, das sich ganz und gar von den meist groß gewachsenen und kräftigen Hawaiianern unterschied. Ihrem Fleiß seien auch die heute noch genutzten Fischteiche und Salinen im Süden der Insel zu verdanken. Legende oder Wirklichkeit, keiner kann bis heute genaues sagen. Die Hawaiianer, die zu den Polynesiern gerechnet werden, kamen aus dem Süden, von den Markesas. Vielleicht waren die Menehune ebenso mutige Seefahrer, die aus dem Westen des pazifischen Ozeans, von Mikronesien oder Melanesien heransegelten, von dort, wo heute noch Menschen von zum Teil kleinerem Wuchs leben.

Bevor wir zu weiteren Unternehmungen aufbrechen, erfrischen wir uns im klaren Wasser der einladenden Bucht. Die Wellen schlagen zu dieser Jahreszeit schon hoch an den Strand, aber doch nicht wirklich gefährlich. Noch gibt es von Klippen geschützte ruhigere Stellen und wir können die Fische auch ohne Taucherbrillen beobachten, die wir leider im Hotel zurückließen. Bis Mitte Dezember verändert sich das Wetter gewaltig. Dann schlagen die Wellen hier im Norden mit so großer Wucht über die Klippen und auf den Strand, dass Baden nicht mehr möglich ist.

Oberhalb des Kee Beach waren den Göttern zwei Tempel errichtet worden. Die Göttin des Tanzes, des Hula, wurde hier verehrt. Aber auch Pele, die Göttin des Feuers liebte diesen heiligen Ort und war Mittelpunkt sakraler Zeremonien. Die Schatten der Bäume geben der Szene etwas Gespenstisches. Wir versuchen uns vorzustellen, wie das alles einmal gewesen sein mag, wie der Rhythmus geschlagen wurde und wie die Männer zum Sprechgesang den echten Hula, den kahiko tanzten, so, wie wir es im Waimea Tal auf Oahu vor einigen Tagen erlebten.

Unmittelbar neben den beiden Tempeln beginnt ein Pfad, der vom Kee Beach 18 Kilometer der Na Pali Küste entlang bis zum Kalalau Beach führt, auf den wir am vorherigen Tag vom obersten Rand des Waimea Canyon hinunter blickten. Dieser Pfad verläuft zwischen 100 und 120 Meter schwankend über dem Meer und durchquert 5 Täler, zu denen er hinabführt, um danach wieder auf seine gewohnte Höhe anzusteigen. Wie alt der Pfad sein mag, wurde bisher nicht bekannt. Fest steht, dass er schon vor hunderten von Jahren von den alten Hawaiianern erbaut worden war, 2 Fuß, also 60 cm breit, teilweise mit groben Lavasteinen gepflastert, sonst direkt in die Lava und den Fels oder in die lockeren Erdschichten getrieben.

Wir machen uns an den Aufstieg. Natürlich sind wir für eine größere Strecke und ein längeres Abenteuer gar nicht gerüstet. Unsere Schuhe sind nicht fest genug. Vor allem führen wir kein Wasser mit.

„Mal sehen, wie weit wir kommen", meine ich mit zuversichtlichem Blick zu Irene.

Schon nach wenigen Minuten umfängt uns fast absolute Stille. Die Brandung der See hören wir hier oben nicht mehr. Nur das Piepsen des einen oder anderen Vogels können wir vernehmen und ab und an spüren wir einen wohltuend sanften Windhauch.

Na Pali Coast

Je weiter wir vorankommen, umso unglaublichere Ausblicke eröffnen sich uns. Wir schauen zum letzten Mal zurück und hinunter zu unserem Ausgangspunkt, zu den wenigen Besuchern am Kee Beach, der weit hinter uns nur noch ganz klein zu erkennen ist. Dann biegen wir um eine Felsnase und sind endgültig allein.

Der Pazifik zeigt von hier oben eine tiefblaue Farbe. Der Meeresboden fällt im Norden der Insel vor uns über 6.000 m tief ab. Irgendwo in weiter, weiter Ferne, es müssen mehr als 7.000 km sein, irgendwo dort liegen die Inseln Japans. Dazwischen ist nichts als Wasser. Diese gewaltigen Zahlen und unsere sich im Ungewissen verirrenden Gedanken lassen uns frösteln.

Wir schreiten im Gänsemarsch voran und bleiben trotz der Anstrengung froher Stimmung. Am früher Nachmittag brennt die Sonne ungehindert auf die Na Pali Coast und auf uns. Wenn an manchen Stellen der Wind aussetzt, dann erscheint uns die Situation für kurze Zeit unerträglich. Trotzdem laufen wir weiter. Die steile Küste ist fast gänzlich mit Gräsern, Sträuchern und Büschen bewachsen. Schatten gibt es keinen, denn die nur vereinzelt stehenden niedrigen Bäumchen sind so licht belaubt, dass die Sonne nicht daran gehindert wird durchzuscheinen.

Einige Zeit nach dem Mile Marker 2, wir sind bereits eineinhalb Stunden unterwegs, begegnen wir zwei Backbackern. Sie bleiben übrigens die einzigen Menschen, die wir auf diesem Trail sehen sollten.

Nach einem lässigen „Aloha, how are you", muntern sie uns zum Weitermarsch auf. Zum ersten Tal seien es nur noch etwa 500 Yards.

„Ein kurzes Par 5", sage ich in der Golfersprache zu Irene, „das schaffen wir noch."

Nach gut zwanzig Minuten biegen wir um eine weitere dieser ungezählten Bergfalten und vor uns breitet sich das Hanakapiai Valley aus mit seinem dünnen aber hohen Wasserfall und dem Hanakapiai Beach. Der Anblick dieser gänzlich unberührten Natur, dieser stillen und friedlichen Urlandschaft mit ihrem rauen Charakter voll wilder Schönheit, lässt uns alle Anstrengungen vergessen, die bereits hinter uns aber auch noch vor uns liegen. In diesem Augenblick verspüren wir großartige Glücksgefühle. Wir erleben den Höhepunkt unserer weiten Reise und suchen eine windige, uns kühlende Stelle, um uns für kurze Zeit auszuruhen und das überwältigende Bild zu genießen.

Dank der frischen Brise, die uns ins Gesicht bläst, schaffen wir den Rückweg deutlich schneller. Die Schritte fallen uns jetzt leichter.

Wir leiden beide unter Durst, eine ganz natürliche Sache nach einem Fußweg von über vier Stunden. So schnell es geht steuern wir deshalb das Princeville Hotel auf den Klippen über der Hanalei Bay an.

Wir setzen uns in die Cafeteria auf der Terrasse mit Blick auf die tief unter uns liegende Bucht, die Ausläufer der Na Pali Coast und den Pazifik. Zur Erfrischung bestellen wir uns ein Bier und warten, wie schon so oft auf dieser Reise, auf den Sonnenuntergang.

Abschied von Kauai

Das unnachahmliche Schauspiel lässt nicht lange auf sich warten. Durch die Brechung des Lichts vergrößert sich die Sonnenscheibe, je weiter sie sich dem Horizont nähert. Fast gleichzeitig wird das Rot ihrer Farbe immer kräftiger, bis die Sonne schließlich blutrot hinter schmalen Dunstschleiern versinkt. Wie zum Abschied für diesen Tag und diese erlebnisreiche Reise schickt sie uns zu guter Letzt noch rosa Wölkchen.

„Aloha Hawaii, wir kommen bestimmt wieder."

Heimreise: Zwischenlandung in SFO

Keiner bleibt beim schnellen Überfliegen mehrerer Zeitzonen frei von Beschwerden. Auch wir sind meist davon betroffen. So legen wir bei unserer Reiseplanung besonderen Wert auf einen ausreichenden Zwischenaufenthalt in San Francisco, um den Jetlag so gering wie möglich zu halten. Auf dem Hinflug begnügten wir uns mit einer Übernachtung. Auf der Heimreise gegen die Zeit bleiben wir gleich zwei Nächte. Trotzdem brauchen wir zu Hause mehrere Tage, bis wir wieder unseren Schlafrhythmus finden.

Wir wohnen im St. Francis, einem altehrwürdigen Hotel am Union Square im Herzen der Stadt. Das Hotel wurde nach dem großen Erdbeben und Brand im Jahre 1906 erbaut und später um einen modernen Tower erweitert, in dem sich unser Zimmer befindet. Die Aussicht stellt uns äußerst zufrieden, denn unter uns liegt der lebhafte Union Square mit seinen schönen Geschäftshäusern und unser Blick fällt direkt auf das Modehaus Saks, mit dem uns eine besondere Beziehung verbindet.

Der Weg führte uns beide schon oft in diese einmalige Stadt mit ihrem für uns heiteren Charakter. Bei diesem Besuch überrascht uns allerdings trotz strahlender Sonne ein eisiger Nordwind aus den bereits Ende November verschneiten Canadian Rocky's. Mit unserer Kleidung sind wir darauf ganz und gar nicht vorbereitet, wissen uns aber mit zwei übereinander angezogenen Sommerpullovern zu helfen.

Wir bummeln einmal über den Union Square, besuchen einige Antiquitätengeschäfte in der Grant Avenue und spazieren hinüber nach Chinatown. Ich bin auf der Suche nach chinesischen Bilderhaken, kein leichtes Unterfangen, wenn man weder chinesisch spricht noch weiß, was Bilderhaken auf Englisch heißt. „Irene, wie würdest Du eigentlich Bilderhaken übersetzen?", frage ich Hilfe suchend. „Keine Ahnung", kommt ganz ehrlich zurück. Ich versuche mich in mehreren Geschäften gestenreich zu erklären, doch stets umsonst. Erst als ich mit einem Kugelschreiber auf dem Rand meiner Zeitung eine Skizze fertige, lächelt das ohnehin schon freundlich Gesicht einer Chinesin hinter dem Ladentisch noch freundlicher und vor allem wissend hervor. „Five blocks down. Household Store. Mr. Yuang", lautete die Erklärung. Ich danke höflich und marschiere los.

Unterwegs kommen wir an einem Geschäft vorbei, das Möbel und Bilder anbietet. Um den weiten Weg vielleicht doch nicht machen zu müssen, gehe ich hinein und zeige auf meine Skizze. „You need hings?", fragt mich der Besitzer und verschwindet hinter einer großen Truhe, kramt in einem Schrank und kommt mit einer Schublade voll Kleinzeug aus Messing zurück. Er hat sie in allen denkbaren Größen und sehr ausgefallenen Mustern, diese hings. „Irene, hings heißen die Haken. Ganz einfach, wenn man es weiß, oder?".

Ich wähle mir vier Stück aus, die nach meiner Einschätzung von der Größe her richtig sein müssten, und die dazu passenden Befestigungsklammern, jeweils zwei pro Haken, also acht Stück. Mein Gegenüber lächelt sehr zufrieden über die von mit getroffene Auswahl. Ich zücke meine Geldbörse und frag ihn nach dem Preis. „Four Dollars eh." Als ich ihm eine Fünf-Dollar-Note auf den Tisch lege und auf das Rückgeld warte, wird er ganz unruhig und ungeduldig.

„Four, four, four, four", sagt er und schiebt jeweils einen Haken ein Stückchen näher zu mir hin. Offenbar sollte das unverständliche „eh" von vorhin „each" heißen.

„Alle zusammen 16 Dollar", sage ich völlig fassungslos, „das ist viel zu teuer!" „Nein, nein, der Preis ist in Ordnung, die hings sind alle in Handarbeit und aus bestem Messing gefertigt. Und in ganz Frisco gibt es hings nur bei mir, original hings aus China, wenn Sie verstehen." Ich verstehe und bezahle, wohl wissend, dass ich zu Hause seit Jahren vergeblich danach Ausschau hielt. Mit 15 Dollar ist er einverstanden. Er will anscheinend auch mir noch eine kleine Freude lassen.

Wofür ich die hings brauche, meint er mit neugierigem Gesicht. Ich erzähle, dass wir vor über zehn Jahren in Nangking eine Porzellanmalerei aus der Kung Hsu Zeit und die holzgeschnitzte Stirnseite einer Kinderwiege aus der Tung Chih Zeit, beide aus der Mitte des 19. Jahrhundert, erwerben konnten. Als seine Augen immer größer werden, ergänze ich für ihn beruhigend, dass der Kauf ganz legal gewesen sei, mit archäologischem Siegel auf den beiden Stücken und der für die Ausfuhr erforderlichen Genehmigung. Er beglückwünscht uns mehrfach nickend, um nach einer kleinen Weile traurig hinzuzufügen, dass er wohl nie die Heimat seiner Vorfahren werde besuchen können.

Wir gehen noch die paar Schritte bis zum Embarcadero Center und nehmen von dort den Bus, am Fairmont Hotel auf dem Nob Hill vorbei, zur Union Street. Vor Jahren traf sich hier die betuchtere Homo- und Lesbenszene, renovierte die schmucken viktorianischen Häuschen mit ihren typischen Erkern, Türmchen, Giebeln und sonstigen architektonischen Schnickschnack, malte sie in bunten Farben mit meist weißer Fensterumrahmung an und eröffnete Boutiquen, Cafés, Restaurants und ließ sich auch häuslich nieder. Die Szene normalisierte sich mit der Zeit wieder und die Straße entwickelte ein ansprechendes Flair.

Ohne konkretes Ziel gehen wir einmal auf und ab und werden fündig. Mimi's verkauft Taschen und Täschchen, Koffer und Köfferchen, Beutel und Beutelchen, Geldbörsen, Lippenstifthüllen, Brillenetuis, und, und, und, jedes Stück für sich ein Kunstwerk. Wir denken an Weihnachten und die Freundin unseres Frank, an Miriam, einem echten Taschenfreak, stellen den Laden auf den Kopf und entscheiden uns für ein ganz und gar originelles Stück: Eine kleine Handtasche für Mutige, hergestellt aus einer Zigarrenkiste aus Sandelholz, mit verchromten Eckbeschlägen und Bügelgriff und mit winzigen, bunten Glasperlen bestickt, die ein Fantasiemotiv aus Belle Epoque und San Francisco wiedergeben, das Ganze passend zu einem schwarzen Outfit, Auffallen inbegriffen.

Den Lunch nehmen wir schräg gegenüber bei Perry's ein. W.T.B.S. heißt die Zauberformel, wir „waiten", deuten auf einen freien Tisch am Fenster und werden wunschgerecht „geseatet". Ein kleines Lokal zum Wohlfühlen, die Tische mit blauweißen Tüchern, Kerzen und Blümchen gedeckt, an der Wand Bilder mit Baseballspielern, Wimpel und Trophäen, eine sehr gemütliche Bar mit ledergepolsterten Hockern und eine viel versprechende Speisenkarte.

Irene mag vorweg einen Sherry und mir ist es nach einem roten Martini, pur, ohne Eis, aber mit einem Stückchen Zitronenschale.

Das wirft Probleme auf. An der Bar wird heftig diskutiert, während wir von unserem Fensterplatz aus abwechselnd die vorbeihuschenden Passanten und die Szene am Tresen beobachten. „Ein Martini ist immer weiß." Die Stimme des Barkeepers kann ich bis zu uns herüberhören. Natürlich, aus seiner Sicht hat er Recht, da für ihn ein Martini schon immer ein Cocktail aus Gin und weißem, trockenen Martini war. Geschüttelt oder gerührt? werden die Kenner gefragt.

Ich stehe auf und gehe zur Bar, um das Rätsel zu lösen. Nach kurzem Suchen deute ich auf zwei Flaschen in seinem Eisfach am Tresen. Er nimmt sie heraus. „This one", sage ich zu ihm, „the white one is good for a dry Martini. The other one, the red is my favorit." Er schaut mich lange und immer noch ungläubig an. „Yes my favorit", unterstreiche ich noch einmal mit einem Lächeln im Gesicht. Wie kann man das süße Zeug nur pur trinken, wird sich der Barkeeper denken und bereitete mir meinen Drink, mit einem Schnipsel Zitronenschale, wie gewünscht.

Die Pasta mit Meeresfrüchten erweist sich als ein Gedicht.

Am Tisch gegenüber sitzen zwei junge Paare, beide mit Kinderwagen. Die Frauen beschäftigen sich mit ihren Babies, während die Männer ein für sie viel aktuelleres Thema diskutierten. „Schwarzenegger for Govenor" steht in fetten Lettern an diesem Tag auf allen Zeitungen zu lesen. Wo Austria liegt, weiß kaum einer. Den Mister Universum und Terminator dagegen kennt hier jeder. Ein Deutscher bestellt einen roten, süßen Martini pur und ein Muskelmann aus Österreich will Gouverneur von Kalifornien werden. Das kommt schon einer kleinen Kulturrevolution gleich. Präsident kann er nicht werden, höre ich den einen sagen, was ihn selbst zu beruhigen scheint. Und überzeugen wird er die Wähler mehr mit seinem Millionen-Dollar-Wahlkampf als mit seinem Programm, meint der andere. Obwohl es mich juckt, mische ich mich nicht ein. Wir trinken genüsslich den Cabernet Sauvignon zu Ende und bezahlen.

Beim Hinausgehen entdecke ich an der Wand hinter den beiden Pärchen eine Karikatur mit einem Spruch: „To be good is not enough when you dream of being great." Ich winke den beiden jungen Männern zu, deute auf diesen Satz und meine, dass er gut auf Arni passen würde. Sie lachen quittierend und schmunzeln zugleich.

Der Bus bringt uns den Berg hinauf zur Hyde Street. Von der Haltestelle zur Lombard Street benötigen wir nur wenige Minuten. Wir gehen die „Crookedest Street", wie sie wegen ihrer vielen und steilen Kurven genannt wird, hinunter und setzen unseren Spaziergang bis zur Fishermans Wharf fort. Die ehemalige Fabrik für Fischkonserven und die Lagerhallen wurden schon vor Jahren in ein Shopping Centre umgebaut, heißen jetzt Cannery und Anchorage und warten auf kauffreudige Touristen, die allerdings um diese Jahreszeit nur spärlich vertreten sind. Wir schlendern hindurch und interessieren uns mehr für das Schiffsmuseum im Maritime Park am Hyde Street Pier. Ein alter Schoner und eine Dreimastbark liegen vor Anker, ein Fährschiff mit einem mächtigen Schaufelrad, Schlepper und Barkassen können besichtigt werden, Schautafeln enthalten die Fahrtrouten und Einsatzgebiete, Bilder zeigen die Schiffe beim Be- und Entladen als auch auf großer Fahrt und in einem als Museum genutzten kleinen Raum ist alles über die Navigation zu erfahren.

Richtige Begeisterung will bei uns nicht aufkommen, denn der Wind bläst eiskalt über die Oakland Bay und die Insel Alcatraz zu uns herüber und wir machen uns rasch auf den Weg zum Pier 39. Am äußersten Ende setzen wir uns im Seagull ans Fenster und bestellen für jeden einen großen Pott heißen Kaffee, der uns wieder aufwärmt. Direkt unter uns tummeln sich hunderte von Seelöwen. Beim letzten großen Erdbeben vor rund zehn Jahren hatten sich die Tiere, die früher in der Bay nur vereinzelt zu sehen waren, von den Seal Rocks vor dem Lincoln Park im Pazifik hierher in das Hafenbecken zwischen Pier 39 und Pier 41 geflüchtet und behaupten seither diesen Platz. Die Hafenbehörde baute ihnen mehrere größere Pontons, auf denen sie ständig um die besten Plätze streiten.

Während wir unseren Kaffee trinken warten wir, wie schon so oft auf dieser Reise, wieder einmal auf den Sonnenuntergang. Irgendwo auf der Ostseite der Bay muss das Haus von Bruno stehen, der noch für einige Wochen das milde Klima von Hawaii genießen wird. Vor uns im Westen liegt die Golden Gate Bridge und etwas weiter nörd-

lich auf der zur Bay hingewandten Seite der zauberhafte Künstler-
und Villenort Sausalito. Die Zeit reicht für einen Besuch nicht aus
und überhaupt, mit dem Bürgermeister von Sausalito stehe ich auf
„Kriegsfuß".

Vor sechs Jahren fütterte ich eine der Parkuhren mit 12 Quartermün-
zen. Mehr hatte ich nicht und andere „fressen" sie nicht. Wir waren
fröhlicher Stimmung, kauften uns bunte Sommerpullover, nahmen
einen Drink in einem Terrassencafé mit Blick auf die Skyline von San
Fransisco und kamen ganze acht Minuten zu spät zu unserem Wagen.
Unter dem Wischerblatt hing ein Strafzettel mit der Aufforderung, 15
Dollar im Rathaus in bar zu entrichten oder binnen zwei Wochen an
die Stadt zu überweisen.

Ich ignorierte, erhielt 6 Wochen später zu Hause eine Mahnung,
schrieb, dass ich aus Germany kam und mir die Quarter ausgingen
und nur 8 Minuten überzogen hatte, erhielt nach weiteren 4 Wochen
die nächste Mahnung mit Kostenrechnung und der Aufforderung
jetzt schon 27,50 Dollar zu überweisen, wandte mich dann an den
Bürgermeister persönlich, erhielt auch von ihm eine Abfuhr, schickte
genervt einen auf 15 Dollar ausgestellten Scheck, bekam den Scheck
zurück mit der Bitte, ihn entsprechend umgerechnet in DM auszustel-
len, ließ mich vom Generalkonsulat in Frankfurt dahingehend aufklä-
ren, dass ich größte Schwierigkeiten bei der nächsten Einreise zu erwarten hätte, wenn ich nicht zahlen würde, schickte zur Beendigung
der Schlacht mit den Behörden schließlich einen Scheck zum damals
aktuellen DM Kurs und blieb trotzdem weiterhin ein Fan der USA.

Während meine Gedanken noch der Parkuhrenstory nachgehen,
senkt sich die Sonne langsam hinter der Golden Gate Bridge, deren
Umrisse immer schärfere Konturen annehmen. Der Himmel verfärbt
sich goldgelb und die Sonne taucht die Wasser des Pazifik und der
Bay in ein fast unwirklich goldenes und gleißendes Licht.

Für uns wird es Zeit, an die Rückkehr zu denken. Da der Weg zu
Fuß zu weit ist, gehen wir die paar Schritte zur Hyde Street und steigen in die Cable Car ein. Welch ein nostalgisches Gefährt! Die Bahn
ist in der Rush Hour bis auf den letzten Platz gefüllt, nicht nur drin-
nen, sondern auch auf den Trittbrettern. Viele junge Leute befinden

sich unter den Fahrgästen und viele, die wir für Chinesen oder auf jeden Fall für Asiaten halten. Entweder wird getuschelt und gekichert oder mit dem Handy telefoniert und auch gekichert. Wir haben unseren Spaß beim Zusehen. Direkt vor dem Hotel steigen wir aus.

Nur wenige Schritte vom St. Francis entfernt wird in der Powell Street im Gold Dust, einer über 100 Jahre alten American Bar, täglich Oldtime oder Dixieland Jazz gespielt. Wie schon so oft, kehren wir zu vorgerückter Stunde zum Absacker ein.

Der Chef an der Bar erkennt uns wieder, zapft professionell zwei Bier, für uns mit Schaum, und stellt die Gläser mit der Bemerkung „I missed you" vor uns hin.

Die Stimmung ist gut, die Band bereits so richtig in Fahrt. Wer einen speziellen Song hören will, zückt die bekannten grünen Scheine, die mit einer Zange an einem langen Stiel, wie sie Straßenkehrer benutzen, eingesammelt und für alle sichtbar in eine überdimensionale Glasvase auf dem Flügel geworfen werden. Für fünf Dollar wird die Nummer bereits nach dem ersten Refrain beendet. Erst für zehn Dollar spielt die Band das ganze Stück einschließlich einiger Soli und Improvisationen. „It's showtime", ruft der Bandleader und eine Frau wechselt vom Barhocker ans Mikrofon und versucht sich unter Beifall im Stil von Ella mit „I can give you anything but love baby".

Ein Mann, besser gesagt und ohne ihm zu nahe treten zu wollen, ein Männchen, höchstens 1 Meter 60 groß, mit flatterndem verblassten Zweireiher, der schon mehrfach zu uns beiden interessiert herübersah, geht als nächster unter lautem Beifall nach vorne. Offensichtlich ein Stammgast, denn Applaus bekommt er schon, bevor er anfängt. Und er läuft in der Tat zu ganz großer Form auf, zieht einen Kamm und ein Stück Butterbrotpapier aus der Tasche und sorgt in Begleitung der Band mit einem schnellen „Ice Cream" dafür, dass kein Auge trocken bleibt.

Irgendwie kommt Irene mit ihm ins Gespräch. Vor über zwanzig Jahren war er im Auftrag seiner Firma als Maschinenbauer und Einrichter in Kalifornien unterwegs. In Deutschland brachte die Ölkrise damals große Unsicherheit. Also blieb er. Nur einmal sah er seine Heimatstadt Saarbrücken wieder. Sie habe sich gut entwickelt, aber in

San Francisco gefällt es ihm besser. Und ob er mit dem Leben hier zufrieden sei, wollen wir noch wissen. Na ja, entgegnet er, jeder Job ist in den USA sehr hart, härter als in Deutschland. Das Geld reicht ihm gerade so. Aber er fühlt sich hier viel freier und darauf kam es ihm immer an.

Eine Gruppe junger Männer drängt von der Straße herein. Sie sind in guter Stimmung, haben schon einen getrunken, aber alles noch fest im Griff, wie man sagt. Sie stellen sich mit einem „Hallo" hinter uns und einer bestellt „Six Black's". Das macht mich stutzig. Habe ich richtig gehört, frage ich mich selbst, dunkles Bier, in den Staaten, meint er vielleicht Guinness?

„Thirty" ruft der Chef, legt lässig sechs Bierdeckel auf und beginnt zu zapfen. Der Besteller reicht 35 Dollar über den Tresen und bekommt seine Biere, während ich die Gläser und die Bierdeckel bestaune, die mir beide bekannt vorkommen. Kein Irrtum, es ist Köstritzer Schwarzbier, noch dazu vom Fass, nur mit dem Unterschied, dass, anders als bei uns, der gute alte Goethe vom Bierdeckel blickt.

Ich nehme mein Glas und trinke der Gruppe zu. Er feiere mit seinen Freunden heute seinen 30. Geburtstag und seinen Heimaturlaub, gibt einer zum Besten. Köstritzer habe er in Frankfurt kennen gelernt.

Wir gratulieren herzlich. Ob er denn weiß, wer das auf dem Bild sei. Nein, den kenne er nicht. Das ist Goethe. Kenne er auch nicht. Ob ihm der Name Shakespeare etwas sagen würde. Oh ja, ein berühmter Poet. Aber er hat ihn nie gelesen. Goethe ist der german Shakespeare, versuche ich ihm, nach mehreren Bieren auch schon in guter Stimmung, klarzumachen. Er akzeptiert.

Was er in Frankfurt machte, frage ich ihn noch. Er ist Berufssoldat bei der Army. Sie organisierten den Nachschub, zuerst nach Afghanistan und dann in den Irak. Die meiste Zeit waren er und seine Freunde auf der Wiesbaden Air Base bei Erbenheim stationiert. Jetzt haben sie zwei Wochen Urlaub. Und dann, will ich weiter wissen. „In einigen Tagen fliegen wir wieder zurück. Den genauen Einsatzplan kennen wir noch nicht. Wahrscheinlich müssen wir aber in den Irak." Ob der Krieg gerechtfertigt war und Sinn macht, ist meine letzte Frage. Das kann er nicht beurteilen. Das wichtigste für ihn und seine Freunde sei, dass sie wieder heil zurückkommen.

Als wir gehen, drückte ich ihm fest die Hand. „God bless you and America", sage ich wohlmeinend für ihn beim Abschied. Er erwidert den Händedruck sehr innig und, wie ich in seinen Augen sehen kann, auch dankbar.

Nach fast drei Wochen schönster Zeit auf unseren Lieblingsinseln und weit entrückt von den täglichen Problemchen waren wir wieder in der Wirklichkeit der Welt und des Alltags unvermittelt angekommen.

Am nächsten Tag setzen wir voll schöner Erinnerungen unsere Heimreise mit der Lufthansa fort.